Tipps zum Mietvertrag für Mieter

Fallen vermeiden – Vorteile nutzen

von

Ulrich Ropertz
Deutscher Mieterbund e.V.

3. Auflage

C.H.BECK

Vorwort

Knapp 1,2 Millionen Rechtsberatungen führen die mehr als 300 örtlichen Mietervereine des Deutschen Mieterbundes im Jahr für ihre Mitglieder durch.

Oft entstehen Probleme, Ärger und Streit, weil Mieter und Vermieter nicht ausreichend über ihre Rechte und Pflichten Bescheid wissen. Unkenntnis und Halbwissen führen schnell zu verhärteten Fronten bei den Vertragsparteien und dann zu Auseinandersetzungen bis hin zu gerichtlichen Verfahren.

Rund 225.000 Mietrechtsprozesse werden Jahr für Jahr vor den Amts- und Landgerichten in Deutschland geführt.

Ein großer Teil dieser Gerichtsverfahren ließe sich verhindern, wenn sich Mieter und Vermieter zunächst sachkundig machen würden, bevor sie vermeintliche Rechte einfordern oder tatsächlich vorhandene Pflichten verneinen.

Oft werden schon bei Abschluss des Mietvertrages Fehler gemacht, werden Vertragsregelungen unterschrieben, ohne sie genau gelesen oder verstanden zu haben. Deshalb enthält die vorliegende Broschüre zahlreiche Hinweise, worauf bei Abschluss eines Mietvertrages zu achten ist. Juristische Begriffe, wie Mietpreisbremse, Bestellerprinzip, Betriebskosten, Index- oder Staffelmiete, Fristenregelung bei Schönheitsreparaturen, Heizkostenverordnung, verbrauchsabhängige Abrechnung usw., werden „übersetzt“ und erklärt.

Nicht nur die großen Mietrechtsthemen, wie Kündigung, Mieterhöhung, Schönheitsreparaturen, Mietminderung oder Nebenkosten, finden Sie in dieser Broschüre erläutert, auch Alltagsthemen werden aufgegriffen:

Darf der Kinderwagen im Hausflur geparkt werden? Stimmt es, dass dreimal im Jahr richtig lautstark gefeiert werden darf? Wer muss das Treppenhaus putzen? Darf nachts geduscht, in der Wohnung oder auf dem Balkon geraucht oder ein Hund in der Wohnung gehalten werden?

Aber natürlich können mit dieser Broschüre nur die wesentlichen Grundzüge des Mietrechts dargestellt und erläutert werden. Im Einzelfall ist die Einschaltung professioneller Hilfe, wie die eines örtlichen DMB-Mietervereins, unverzichtbar.

Denn das Mietrecht ist längst zu einem Fachgebiet für Experten geworden. Zwar sind die Regelungen des Wohnraummietrechts im Bürgerlichen Gesetzbuch (BGB) in nur rund 120 Vorschriften zusammengefasst. Aber immer neue gesetzliche Bestimmungen gilt es zu kennen und zu beachten. 2013 wurde das Modernisierungsrecht neu geregelt, das Mietminderungsrecht für Mieter bei energetischen Modernisierungen stark eingeschränkt. 2015 wurden dann die Mietpreisbremse und das Bestellerprinzip im Maklerrecht Gesetz und 2019 wurde die Mietpreisbremse noch einmal nachgeschärft und Modernisierungsmieterhöhungen wurden begrenzt. Daneben gibt es zusätzlich noch Spezialbestimmungen in unterschiedlichen Gesetzen und Verordnungen, wie zum Beispiel die Heizkostenverordnung, das Wohnungsvermittlungsgesetz oder die Betriebskostenverordnung. Außerdem existieren vielfach noch landesrechtliche Vorschriften, zum Beispiel für den sozialen Wohnungsbau, zu Kappungsgrenzen bei Mieterhöhungen, zu Kündigungssperrfristen oder zur neuen Mietpreisbremse, die zu beachten sind.

Entscheidend ist aber, dass das Mietrecht stark geprägt wird durch Gerichte und ihre Entscheidungen. Allein in den letzten 15 Jahren hat der Bundesgerichtshof hunderte von Grundsatzentscheidungen getroffen, die für Mieter und Vermieter oft genauso wichtig sind, wie die gesetzlichen Regelungen selbst. Hinzu kommen dann noch unzählige Amts- und Landgerichtsurteile, die die Inhalte des Mietrechts ausgestalten und so mitbestimmen.

Die vorliegende Broschüre will helfen, mögliche Probleme frühzeitig zu erkennen, und soll das Bewusstsein für mietrechtliche Zusammenhänge schärfen. Wenn es ernst wird, sollten Sie eines der Rechtsberatungsangebote des Deutschen Mieterbundes (vgl. 10. Kapitel) nutzen.

Berlin, November 2019

Ulrich Ropertz
Deutscher Mieterbund
www.mieterbund.de

Inhaltsverzeichnis

1. Kapitel. Mietvertrag

Rund 2 Millionen Mietverträge werden jährlich in Deutschland neu abgeschlossen. Viele Verträge klingen offiziell und verbindlich: Muster-, Einheits- oder Staffelmietvertrag. Tatsächlich sind es einfache Formularmietverträge, wie es sie zu Hunderten gibt. Sie werden herausgegeben von verschiedenen Verlagen oder Eigentümervereinen und enthalten Dutzende von mehr oder weniger wichtigen Regelungen.

Es geht aber auch viel einfacher. Wer eine Wohnung anmieten will, muss sich mit seinem Vermieter über vier Punkte einigen:

- Wer ist Mieter bzw. Vermieter?
- Welche Wohnung wird wo vermietet?
- Wie hoch ist die Miete?
- Wann beginnt das Mietverhältnis?

Diese Vereinbarungen können mündlich oder schriftlich getroffen werden.

Vorteil des mündlichen Mietvertrages ist, dass sich alle Rechte und Pflichten von Mieter und Vermieter unmittelbar nach dem Gesetz richten, soweit nicht ausdrücklich eine andere mündliche Regelung getroffen worden ist. Das bedeutet, bei mündlichen Mietverträgen hat der Mieter in aller Regel nichts mit dem Thema Schönheitsreparaturen zu tun, er muss keine Vorauszahlungen für Betriebskosten leisten bzw. gar keine Nebenkosten zahlen.

Nachteil eines mündlichen Mietvertrages ist, dass Streit über das tatsächlich oder vermeintlich Vereinbarte bzw. Gewollte zwischen den Vertragspartnern programmiert ist.

Zwingend vorgeschrieben sind schriftliche Mietverträge nur, wenn ein Zeitmietvertrag mit einer Laufzeit von mehr als zwölf Monaten oder ein Staffel- bzw. Indexmietvertrag abgeschlossen werden soll.

Unabhängig hiervon sind schriftliche Mietverträge die Regel. In den meisten Fällen bieten Vermieter so genannte Formularmietverträge an. Oft sind diese Verträge unübersichtlich, durch die klein gedruckte Schrift schlecht lesbar und mit 10, 20 oder noch mehr Seiten sehr umfangreich. Wichtig ist, zu wissen, dass diese Formularmietverträge – genauso wie selbst „gestrickte" und getextete Verträge von Vermietern oder Hausverwaltungen – oft unwirksame Vertragsklauseln enthalten, zum Beispiel zu Schönheitsreparaturen (vgl. 7. Kapitel). **Hinweis des Verlages:** Ein Beispiel einer wirksamen Schönheitsreparaturklausel findet sich in dem heraustrennbaren Mietvertragsmuster der ebenfalls im Verlag C.H.Beck erschienenen Broschüre Erfolgreich Vermieten (bearbeitet von Peter Schüller; ISBN-Nr. 978-3-406-73189-1).

Die wichtigsten Regelungen im Mietvertrag

Mieter und Vermieter

Im Mietvertrag müssen natürlich die Vertragsparteien genannt und bestimmt werden. Der Namen des Vermieters der Wohnung muss angegeben werden. Am besten mit der vollständigen Anschrift, Telefonnummer usw. für spätere Rückfragen und eventuelle Beschwerden. Bei Ehepaaren können auch beide gemeinsam als Vermieter auftreten und den Vertrag unterschreiben.

Wer als Mieter die Wohnung anmietet, muss genannt werden. Er hat dann alle Rechte und Pflichten aus diesem Vertragsverhältnis. Ein Mieter kann jederzeit Familienangehörige, auch erwachsene Kinder, Schwiegersohn bzw. -tochter oder Enkelkinder, mit einziehen lassen. Das gilt erst recht für den Ehepartner bzw. Lebensgefährten.

Ziehen mehrere Personen in die Wohnung ein, ist zu unterscheiden:

- **Ehepaar**
  Ausreichend ist es, wenn ein Ehepartner den Mietvertrag unterschreibt. Der ist dann der alleinige Vertragspartner des Vermieters und allein verantwortlich für die Zahlung der Miete. Nur er kann kündigen, er ist Ansprechpartner für den Vermieter, wenn es um Mieterhöhungen oder sonstige vertragliche Angelegenheiten geht.

  Normalerweise unterschreiben beide Ehepartner den Vertrag und werden gemeinsam Mieter. Sie haben dann die gleichen Rechte und Pflichten. Vermieterschreiben, auch Kündigungen und Mieterhöhungen, müssen an beide Mieter gerichtet werden. Kündigen können beide Mieter nur gemeinsam.
- **Familie**
  Wenn Eltern des Mieters, Kinder oder Enkel in die Wohnung nachziehen wollen, ist dies ohne Weiteres möglich. Der Vermieter kann weder fordern, dass die Familie dem Mietvertrag beitritt, noch kann er den Einzug als (unerlaubte) Untervermietung ablehnen. Denn die Entscheidung, Eltern oder Kinder in die Wohnung aufzunehmen, ist allein Sache des Mieters.

- **Wohn- und Lebensgemeinschaft**
  Wenn auf der Mieterseite eine Wohngemeinschaft (WG) steht, sind zwei Fallkonstellationen denkbar:

  Soll nur ein Mitglied der WG gegenüber dem Vermieter für die Mietzahlung verantwortlich sein, darf nur derjenige den Mietvertrag unterschreiben. Die anderen Mitglieder sind dann Untermieter. Die interne Kostenverteilung müssen die Mitglieder der WG unabhängig davon untereinander regeln. Rechtlich funktioniert diese Konstruktion nur, wenn der Vermieter von Anfang an informiert und damit einverstanden ist oder wenn der allein einziehende Mieter erst nach Abschluss des Mietvertrages auf die Idee gekommen ist, eine Wohngemeinschaft zu gründen. Hat er hierfür vernünftige Gründe, muss der Vermieter zustimmen. Der Hauptmieter hat bei dieser Vertragskonstruktion eine starke Stellung innerhalb der WG. Nur er kann das Mietverhältnis mit dem Vermieter beenden. Kündigt er, müssen alle Mitglieder der WG ausziehen.

WICHTIG

WICHTIG Gerade auch im Interesse der Untermieter sollte im Hauptmietvertrag zwischen Vermieter und Mieter von Anfang an festgelegt werden, dass mehrere Personen, eine WG, in die Wohnung ziehen und dass bei einer Kündigung des Hauptmieters das Mietverhältnis mit den Untermietern fortgesetzt werden muss.

Denkbar ist aber auch, dass von Anfang an alle Mitglieder der WG als Mieter auftreten und den Mietvertrag unterschreiben. Dann haben alle die gleichen Rechte und Pflichten gegenüber dem Vermieter. Der Vermieter muss Mitteilungen zu diesem Mietverhältnis an alle Mitglieder der WG adressieren.

Der Haken ist, dass bei einer Beendigung des Mietverhältnisses alle Bewohner, die den Mietvertrag unterschrieben haben, auch die Kündigung gemeinsam aussprechen müssen. Will ein Mitglied oder wollen mehrere Mitglieder der WG wohnen bleiben, können die anderen nicht einfach ausziehen oder einzeln kündigen. Ist eine Absprache mit dem Vermieter nicht möglich, müssen diejenigen, die ausziehen wollen, notfalls auf Zustimmung zu einer gemeinsamen Kündigung klagen. Deshalb ist es sinnvoll, bei Vertragsabschluss darauf zu achten, dass nicht nur die Namen der Mieter aufgelistet werden, sondern dass im Mietvertrag auch festgelegt ist, dass an eine WG vermietet wird. Dann kann die Wohngemeinschaft später verlangen, dass der Vermieter dem Austausch einzelner WG-Mitglieder zustimmt.

Mietgegenstand

Hier geht es um die Beschreibung und Festlegung der Mietsache selbst. Geregelt werden muss, welche Wohnung (zum Beispiel Hauptstr. 4, Musterstadt, 3. OG, rechts) mit wie vielen Zimmern vermietet wird, welche Gemeinschaftseinrichtungen, wie zum Beispiel Speicher oder Fahrradkeller, dazugehören und mitgenutzt werden dürfen. Wird hier auch eine Waschküche oder ein Waschkeller mit Gemeinschaftswaschmaschine und -trockner aufgeführt, dann muss der Vermieter während der gesamten Mietzeit diese Räume und vor allem funktionierende Geräte bereithalten.

Auch wenn der Mieter einen eigenen Garten, Kellerräume oder eine Garage erhalten soll, ist dies im Mietvertrag zu vereinbaren.

Genauso, wenn der Vermieter die Wohnung mit Einrichtungsgegenständen oder zum Beispiel einer Einbauküche vermietet. Bei Defekten an technischen Geräten muss der Vermieter hier für Reparatur bzw. den Austausch der Geräte sorgen.

Zur Beschreibung der Mietsache können auch Angaben zur Größe der Wohnung gehören. Oft wird im Mietvertrag eine „Circa“-Angabe gemacht.

Die tatsächliche Wohnungsgröße ist zum Beispiel für die Festlegung der Miete, vor allem für spätere Mieterhöhungen und auch für die Abrechnung der Betriebskosten wichtig. Nach Urteilen des Bundesgerichtshofs kommt es bei Mieterhöhungen und bei Betriebskostenabrechnungen immer auf die tatsächliche Wohnfläche an – egal, was im Mietvertrag steht. Ist die Wohnung 60 Quadratmeter groß, darf die Miete nur für 60 Quadratmeter erhöht, dürfen Betriebskosten nur für 60 qm abgerechnet werden, auch wenn im Mietvertrag die Wohnungsgröße mit 65 qm angegeben ist. Anders bei der Festlegung der Miethöhe zu Beginn des Mietverhältnisses. Hier gibt es eine 10-prozentige Toleranzgrenze. Das bedeutet, die tatsächliche Wohnfläche kann bis zu 10 Prozent kleiner sein als die im Mietvertrag vereinbarte, ohne dass dies rechtliche Konsequenzen hätte, also zum Beispiel eine Absenkung der Miete.

Miethöhe

Fast immer wird im Mietvertrag eine Nettokaltmiete vereinbart. Das ist die Miete ohne Betriebskosten, also auch ohne Heizkosten.

Hinsichtlich der Miethöhe konnten Mieter und Vermieter bisher den Preis weitgehend frei vereinbaren bzw. aushandeln. Die Grenze der Vertragsfreiheit wurde dann überschritten, wenn die Preisforderungen des Vermieters wegen Wuchers gegen das

Strafgesetzbuch bzw. das Wirtschaftsstrafgesetz verstießen.

Seit 1. Juni 2015 – nachgebessert zum 1. Januar 2019 – gilt die so genannte Mietpreisbremse. Erstmals gibt es jetzt eine gesetzliche Vorschrift im Bürgerlichen Gesetzbuch, die überzogenen Vermieterforderungen beim Abschluss eines Mietvertrages einen Riegel vorschiebt. Bei der Wiedervermietung einer Wohnung darf der Vermieter höchstens noch die ortsübliche Vergleichsmiete plus 10 Prozent fordern. Alternativ darf er auch die bisherige Miete weiter fordern, wenn die schon über der Grenze „Vergleichsmiete plus 10 Prozent" lag.

Die Mietpreisbremse gilt aber nicht flächendeckend. Sie gilt nur für Gebiete mit angespannten Wohnungsmärkten. Die können von den jeweiligen Landesregierungen für die Dauer von höchstens fünf Jahren festgelegt werden.

TIPP

Am besten Sie fragen bei Ihrem örtlichen Mieterverein nach, ob in Ihrem Bundesland die Mietpreisbremse gilt und wenn ja, ob sie auch für Ihren Wohnort gilt.

Die Mietpreisbremse gilt nie für Neubauwohnungen, die nach dem 1. Oktober 2014 erstmals genutzt und vermietet werden, und außerdem nicht für Wohnungen, die erstmals nach einer umfassenden Modernisierung vermietet werden. Gemeint sind hier Fälle, in denen Modernisierungsinvestitionen etwa ein Drittel des notwendigen Aufwandes für eine vergleichbare Neubauwohnung erreichen.

Soweit im Mietvertrag keine andere Vereinbarung getroffen wird, können Mieterhöhungen im Laufe der Mietzeit nur im Rahmen der ortsüblichen Vergleichsmiete erfolgen. Das ist die Durchschnittsmiete, wie sie für vergleichbare Wohnungen am Wohnort bereits gezahlt wird. Am besten lässt sich diese Durchschnittsmiete an dem lokalen Mietspiegel festmachen. Fragen Sie am besten Ihren Mieterverein.

Im Mietvertrag kann aber auch von Anfang an vereinbart werden, dass ein Staffel- oder Indexmietvertrag abgeschlossen wird (vgl. 3. Kapitel).

Neben der Miete bestimmen die Betriebskosten, auch „zweite Miete" genannt, ganz maßgeblich den Gesamtpreis für die Wohnung mit. In aller Regel müssen zusätzlich zur eigentlichen Miete noch Mietnebenkosten bezahlt werden. Verfügt das Haus über eine Zentralheizung, kommen die Heizungs- und möglicherweise die Warmwasserkosten auf jeden Fall dazu. Der Vermieter muss nach Verbrauch abrechnen. Zusätzlich kann er aber auch die Zahlung von „kalten" Nebenkosten verlangen, wie zum Beispiel Grundsteuer, Hausmeisterkosten, Wasser, Abwasser, Versicherung usw. Zahlen muss der Mieter, wenn diese Kostenarten im Mietvertrag vereinbart sind (vgl. 4. Kapitel).

Für die Nebenkosten wird im Mietvertrag meistens ein monatlicher Vorauszahlungsbetrag festgesetzt. Über diese Vorauszahlungen muss der Vermieter dann einmal im Jahr abrechnen.

WICHTIG

WICHTIG Immer wieder setzen Vermieter die Vorauszahlungsbeträge zu niedrig an. Möglicherweise, um eine relativ günstige Gesamtmietbelastung bei Abschluss des Mietvertrages vorzugaukeln. Das böse Erwachen kommt für Mieter aber spätestens mit der ersten Abrechnung, wenn Vermieter hohe Nachforderungen geltend machen. Rechtlich sind aber auch zu niedrige Vorauszahlungsbeträge zulässig. Theoretisch könnte der Vermieter sogar ganz auf monatliche Vorauszahlungen verzichten und die im Jahr angefallenen Betriebskosten bei der Betriebskostenabrechnung „auf einen Schlag" geltend machen.

Mieter sollten sich über die voraussichtliche Höhe der zu erwartenden Nebenkosten gründlich informieren. Natürlich können sich Mieter die letzten Abrechnungen für das Haus und/oder die Wohnung von ihrem Vermieter zeigen lassen. Der Vermieter ist hierzu aber nicht verpflichtet. Mieter können sich auch anhand des Betriebskostenspiegels informieren, den der Deutsche Mieterbund jährlich herausgibt. Vor allem sollten sich Mieter aber den so genannten Energieausweis zeigen lassen. Dazu ist der Vermieter verpflichtet. Er muss ihn unaufgefordert schon bei der Wohnungsbesichtigung vorzeigen oder vorlegen. Der Energieausweis belegt, wie hoch der Energiebedarf des Hauses ist (Bedarfsausweis) oder wie viel Energie hier zuletzt verbraucht wurde (Verbrauchsausweis). Über eine Farbskala wird verdeutlicht, ob die anzumietende Wohnung in einem „Energiesparhaus" liegt oder ob das Haus eine „Energieschleuder" ist. Bei der Farbskala gilt der Grundsatz, je grüner, desto besser, je grüner, desto geringer der Energiebedarf und -verbrauch.

Beginn und Dauer des Mietverhältnisses

Mieter und Vermieter müssen sich auf den Beginn des Mietverhältnisses verständigen, zum Beispiel den 1. Juni 2019. Eine Regelung über das Vertragsende ist dagegen nicht erforderlich. In den meisten Fällen werden unbefristete Mietverträge abgeschlossen. Die laufen so lange, bis eine der beiden Vertragsparteien kündigt. Der Mieter kann normalerweise immer ohne Angabe von Gründen mit einer Frist von drei Monaten kündigen. Bei Vermietern ist das anders. Sie können nur kündigen, wenn sie sich auf einen der im Gesetz aufgeführten Kündigungsgründe berufen können, zum Beispiel Eigenbedarf (vgl. 9. Kapitel), und sie müssen eine längere Kündigungsfrist beachten. Je nach Dauer des Mietverhältnisses, das heißt nach der Wohndauer des Mieters, schwankt die Kündigungsfrist für Vermieter zwischen drei und neun Monaten.

Es gibt aber auch Zeitmietverträge, bei denen das Vertragsende von vornherein festgelegt werden kann. Zeitmietverträge sind nur zulässig, wenn im Mietvertrag auch ein Grund für die zeitliche Befristung genannt wird, wenn zum Beispiel der Vermieter am Ende der Mietzeit selbst einziehen will.

Nicht zu verwechseln mit Zeitmietverträgen sind unbefristete Mietverträge mit einem Kündigungsverzicht oder Kündigungsausschluss. Hier verzichten Mieter und Vermieter für eine bestimmte Zeit darauf, das unbefristete Mietverhältnis zu kündigen.

Weitere Regelungen im Mietvertrag und in der Hausordnung

Während im Mietvertrag Rechte und Pflichten der Vertragspartner niedergeschrieben werden, regelt eine Hausordnung Fragen im Zusammenhang mit der Hausreinigung, den Ruhezeiten im Haus oder der Benutzung der zur Verfügung stehenden Gemeinschaftsräume, wie Waschküche, Speicher usw.

Meistens ist die Hausordnung Bestandteil des Mietvertrages. Wenn nicht, kann der Vermieter einseitig eine Hausordnung aufstellen. Die Regelungen in einer solchen Hausordnung können aber keine eigenständigen Rechte und Pflichten der Mieter begründen.

BEISPIEL

Im Mietvertrag ist vereinbart, dass die Mieter für die Treppenhausreinigung zuständig sind. In der Hausordnung kann der Vermieter dann Vorgaben zum wöchentlichen Wechsel dieser Verpflichtung machen.

Sowohl in einer Hausordnung, vor allem aber in Formularmietverträgen stößt man immer wieder auf unwirksame Klauseln. Unwirksam ist eine Vertragsklausel zum Beispiel dann, wenn gesetzlich vorgesehene Mieterrechte über Gebühr verändert, häufig nahezu in Gegenteil verkehrt werden. Unwirksam ist eine Vertragsklausel aber beispielsweise auch dann, wenn sie gegen „zwingendes Recht" verstößt. Eine Reihe von mietrechtlichen Regelungen ist zwingend, das heißt, von diesen Paragraphen darf „keinen Millimeter" abgewichen werden, zum Beispiel:

- Mietpreisbremse und Bestellerprinzip bei der Wohnungsvermittlung;
- Fragen, ob der Mieter Modernisierungen dulden muss oder nicht;
- Fragen, ob der Mieter einer Modernisierung widersprechen darf;
- das Recht des Mieters zur fristlosen Kündigung;
- das Recht zur Mietminderung, allerdings gibt es Einschränkungen, wenn der Vermieter energetisch modernisiert;
- Kündigungsmöglichkeiten des Vermieters;
- die Kündigungsfristen;
- das Widerspruchsrecht des Mieters gegen eine Vermieterkündigung.

Bei diesen Punkten sind alle Regelungen im Mietvertrag zum Nachteil des Mieters von vorn herein unwirksam. Auf der anderen Seite können Mieter und Vermieter auch bei diesen Punkten zu Gunsten des Mieters anderes vereinbaren.

Unwirksame Mietvertragsklauseln gibt es in praktisch allen Formular- oder „Mustermietverträgen". Da es Hunderte von Vertragstexten gibt, die teilweise jährlich oder alle zwei Jahre geändert oder neu aufgelegt werden, gibt es keine Chance, alle unwirksamen Klauseln aufzuführen. **Hinweis des Verlages:** Ein positives Beispiel für einen solchen „Formular- oder Mustermietvertrag" findet sich in der ebenfalls im Verlag C.H.Beck erschienenen Broschüre Erfolgreich Vermieten (bearbeitet von Peter Schüller; ISBN-Nr. 978-3-406-73189-1). Unwirksam ist aber beispielsweise:

- Baden und Duschen nach 22.00 Uhr verboten.
- Das Halten von Haustieren ist unzulässig.
- Bei Beendigung des Mietverhältnisses sind Dübeleinsätze zu entfernen, Löcher ordnungsgemäß und unkenntlich zu verschließen, durchbohrte Kacheln durch gleichartige zu ersetzen.
- Schönheitsreparaturen müssen von Fachhandwerkern ausgeführt werden. Teppichböden müssen von einer Fachfirma gereinigt werden.
- Der Mieter zahlt dem Vermieter eine unverzinsliche Kaution in Höhe von ... Euro, fällig einen Monat vor Einzug.

- Eine Gebrauchsüberlassung oder Untervermietung an Dritte ist ausgeschlossen.
- Die Übernachtung von Besuchern ist nicht gestattet.
- Der Vermieter darf die Mieträume jederzeit betreten.
- Die Einrichtung der Wohnung darf nur mit Genehmigung des Vermieters verändert werden.
- An allen Reparaturen beteiligt sich der Mieter mit 20 Prozent.
- Verstopfungen von Entwässerungsleitungen hat der Mieter bis zum Hauptrohr zu beseitigen.
- Nach 22.30 Uhr ist eine Zimmertemperatur von 12 Grad Celsius vertragsgemäß.

TIPPS

- Vorsicht vor Abschluss des Mietvertrages. Die meisten Formularmietverträge werden von Eigentümervereinen oder gewerblichen Anbietern herausgegeben und enthalten oft eine Vielzahl von unwirksamen Klauseln. ***Hinweis des Verlages:*** Ein positives Beispiel für einen solchen „Formular- oder Mustermietvertrag" findet sich in der ebenfalls im Verlag C.H. Beck erschienenen Broschüre Erfolgreich Vermieten (bearbeitet von Peter Schüller; ISBN-Nr. 978-3-406-73189-1).
- Es existieren Hunderte von unterschiedlichen Mietvertrags-Texten. Allgemein verbindliche oder offizielle Mietverträge gibt es nicht. Das gilt auch für so genannte Einheits- oder Mustermietverträge.
- Auch vom Vermieter selbst verfasste Vertragstexte sollten vor der Unterschrift kritisch gelesen und – wenn möglich – vom Mieterverein überprüft werden.
- Mietverträge müssen nicht teuer sein. Der DMB-Vertrag kostet einen Euro pro Stück und ist bei den örtlichen Mietervereinen erhältlich oder kostenlos im Internet unter www.mieterbund.de.
- Mündliche Mietverträge sind wirksam. Soweit nichts anderes vereinbart ist, gilt das Gesetz.
- Es gibt kein gesetzliches Rücktrittsrecht. Ist der Mietvertrag von beiden Seiten unterschrieben, kann es sich der Mieter nicht „noch einmal anders überlegen". Bei einem unbefristeten Mietvertrag kann er nur kündigen. Auch schon vor Einzug in die Wohnung: Kündigungsfrist drei Monate.
- Zu Gunsten des Mieters können die Vertragsparteien ein vertragliches Rücktrittsrecht vereinbaren. Zu Gunsten des Vermieters ist das unzulässig.
- Seit Juni 2014 gibt es ein Verbraucher-Widerrufsrecht. Hier kann auch der Abschluss eines Mietvertrages innerhalb von 14 Tagen widerrufen werden. Voraussetzung ist, dass der Mietvertrag außerhalb der Geschäftsräume des Vermieters oder im Rahmen des Fernabsatzes (postalisch, telefonisch oder per Mail) erfolgt ist. ***Aber***: Das Widerrufsrecht ist ausgeschlossen, wenn der Mieter die Wohnung zuvor besichtigt hat.

2. Kapitel. Maklerprovision und Mietkaution

Früher mussten in aller Regel die Mieter den Makler zahlen, wenn der bei der Wohnungssuche eingeschaltet wurde. Das ist seit dem 1. Juni 2015 anders. Jetzt gilt auch bei der Wohnungsvermittlung das Bestellerprinzip. Das bedeutet, im Regelfall muss der Vermieter als Auftraggeber des Maklers und Besteller der Maklerleistung die Provision zahlen.

Die Mietkaution dagegen muss der Mieter zahlen, und zwar an den Vermieter. Voraussetzung ist aber eine entsprechende Vereinbarung im Mietvertrag. Die Kaution darf höchstens drei Monatsmieten betragen.

Bestellerprinzip im Maklerrecht

Wer den Makler bestellt, muss zahlen. Mieter müssen nur noch in Ausnahmefällen die Maklerprovision übernehmen. Bestellerprinzip bedeutet: Wendet sich der Vermieter an einen Makler und erteilt ihm den Auftrag, einen Mieter für seine Wohnung zu suchen, muss der Vermieter den Makler auch bezahlen. Mieter müssen die Maklerprovision allenfalls noch zahlen, wenn sie den Makler selbst beauftragt haben – schriftlich oder in Textform – und der Makler dann ausschließlich aufgrund dieses Auftrags tätig wird, eine Wohnung zu suchen beginnt und dann auch beschafft, über die der Mietvertrag schließlich zustande kommt. Voraussetzung ist also, dass der Makler auf „Bestellung" des Mieters, nach dessen Auftragserteilung tätig wird, beispielsweise dadurch, dass er dann eine Anzeige schaltet und sich daraufhin ein Vermieter mit einer passenden Wohnung meldet. Beweispflichtig für diesen Ablauf ist der Makler. Unter diesen drei Voraussetzungen muss der Mieter ausnahmsweise zahlen:

- **Maklervertrag**
  Wohnungssuchender und Makler müssen einen Vertrag schriftlich oder in Textform schließen, in dem die Maklertätigkeit und die die Provisionshöhe festgelegt werden, höchstens zwei Monatsmieten – kalt, das heißt ohne Betriebskosten – zuzüglich Mehrwertsteuer.
- **Maklertätigkeit**
  Der Makler muss ausschließlich aufgrund des Mieterauftrags tätig werden und eine Wohnung für den Mieter suchen. Hat er die Wohnung bereits vorher von einem Vermieter zur Vermittlung erhalten, muss der zahlen, aber nicht der Mieter.
- **Mietvertrag**
  Es muss zum Abschluss eines Mietvertrages über die vermittelte bzw. nachgewiesene Wohnung kommen. Ein Makler bekommt die Provision nur, wenn seine Arbeit erfolgreich war und Mieter und Vermieter den Mietvertrag unterschreiben.

Ausnahmen

Trotz Maklervertrag, Maklertätigkeit und Abschluss des Mietvertrages hat ein Makler nach den Bestimmungen des Wohnungsvermittlungsgesetzes keinen Anspruch auf Provision, wenn:

- durch den abgeschlossenen Mietvertrag lediglich das laufende Mietverhältnis fortgesetzt, verlängert oder erneuert wird;
- die vermittelte Wohnung eine Sozialwohnung oder sonstige preisgebundene Wohnung ist;
- der Makler gleichzeitig Eigentümer, Verwalter, Mieter oder Vermieter der Wohnung ist;
- Wohnungsvermittler auf der einen und Eigentümer, Verwalter oder Vermieter der Wohnung auf der anderen Seite rechtlich oder wirtschaftlich miteinander verflochten sind.

Hat der Mieter Maklerprovision gezahlt, ohne dazu verpflichtet gewesen zu sein, kann er sein Geld zurückverlangen. Der Anspruch verjährt nach drei Jahren.

Abstand und Ablöse

Viel Geld kann es auch kosten, wenn der Makler, der Vermieter oder der Vormieter plötzlich von Abstand oder Ablöse reden.

- **Abstand**
  Abstand ist ein Geldbetrag, der für das bloße Freimachen der Wohnung gefordert wird. Zahlen soll der Wohnungssuchende meist an den derzeitigen Mieter, den Vormieter. Das ist unwirksam. Der Vormieter, der mit Zustimmung des Vermieters einen Nachmieter sucht, darf von diesem weder eine „Prämie" noch eine „Maklerprovision" verlangen, noch darf er die Wohnung an den „Meistbietenden" versteigern. Erlaubt ist dagegen die Forderung nach Kostenerstattung für den eigenen Umzug.
- **Ablösevereinbarungen**
  Ablösevereinbarungen sind dagegen Kaufverträge und zulässig. Hier verpflichtet sich der Wohnungssuchende, bei der Anmietung der Wohnung bestimmte Einrichtungsgegenstände des Vormie-

ters zu übernehmen. Derartige Verträge können durchaus sinnvoll sein. Die Übernahme der fast neuen Einbauküche des Vormieters ist für einen Wohnungssuchenden meist günstiger, als wenn er selbst eine neue Küche kaufen müsste.

Aber: Häufig ist die Ablösevereinbarung in der Praxis ein „verkappter" Abstand, nämlich dann, wenn „Sperrmüll-Möbel" zu Höchstpreisen abgegeben werden. Das ist nach dem Wohnungsvermittlungsgesetz unzulässig. Der Preis für die Möbelstücke darf nicht in einem auffälligen Missverhältnis zu deren Wert stehen. Zwar ist nicht jede überzogene Preisforderung des Vormieters unwirksam, wenn aber der geforderte Preis mehr als 50 Prozent über dem Zeitwert der Möbelstücke liegt, kommen Rückforderungsansprüche des Wohnungssuchenden in Betracht.

BEISPIEL

Die Ablöseforderung beträgt 7.500 Euro. Das verkaufte Mobiliar ist nur 1.000 Euro wert. Dazu muss jetzt die „Toleranzgrenze" von 50 Prozent gerechnet werden, so dass der Wohnungssuchende 1.500 Euro zahlen müsste. Die restlichen 6.000 Euro schuldet er dem Vormieter nicht. Hat er sie bereits gezahlt, kann er diesen Betrag zurückfordern. Der Rückforderungsanspruch verjährt nach drei Jahren.

Mietkaution: maximal drei Monatsmieten

Die Mietkaution ist eine Sicherheitsleistung des Mieters. Sie soll den Vermieter für den Fall absichern, dass der Mieter seine Pflichten aus dem Mietvertrag nicht ordnungsgemäß oder nicht vollständig erfüllt.

Automatisch muss kein Mieter eine Mietkaution zahlen. Voraussetzung ist eine Vereinbarung zwischen ihm und seinem Vermieter. Im Bürgerlichen Gesetzbuch (BGB) ist festgelegt, dass die Mietkaution höchstens drei Monatsmieten betragen darf, ohne Nebenkostenvorauszahlungen.

Üblicherweise vereinbaren die Mietvertragspartner eine so genannte Barkaution. Hier übergibt oder überweist der Mieter seinem Vermieter den Kautionsbetrag. Der muss die Kaution dann auf einem Sonderkonto – von seinem übrigen Vermögen getrennt – anlegen, und zwar mindestens mit dem für Spareinlagen mit dreimonatiger Kündigungsfrist üblichen Zinssatz. Der Mieter hat bei der so genannten Barkaution immer das Recht, den Kautionsbetrag in drei Raten zu zahlen. Die erste Rate bekommt der Vermieter dann zu Beginn des Mietverhältnisses.

Zum Nachteil des Mieters abweichende Vereinbarungen, so das Gesetz, sind unwirksam. Dagegen können zugunsten des Mieters auch andere Vereinbarungen getroffen werden, zum Beispiel eine Mietsicherheit in Höhe einer Monatsmiete oder in Höhe von zwei Monatsmieten.

Das Gesetz lässt es aber auch zu, dass Mieter und Vermieter eine andere Form von Mietsicherheit oder Anlageform vereinbaren. Wichtig ist in jedem Fall, dass die Mietsicherheit vom Vermögen des Vermieters getrennt erfolgt. Denkbar sind Aktien, Renten- oder Immobilienfonds, aber auch Festgelder oder Bundesschatz- und Pfandbriefe. Durchgesetzt haben sich diese Kautionsformen bisher nicht. Die einen stehen für relativ hohes Risiko, und die anderen verhindern einen schnellen Zugriff auf die Mietsicherheit.

Zulässig sind außerdem Kautionsformen, wie Bankbürgschaft, Kautionsbürgschaft durch eine Versicherung oder „verpfändetes Sparbuch". Bei der Bankbürgschaft stellt der Mieter als Sicherheit eine Bürgschaft seiner Bank oder Sparkasse in Höhe der Kautionssumme. Das Geldinstitut verpflichtet sich in der Bürgschaftserklärung, offene Vermieterforderungen notfalls bis zu einer bestimmten Höhe zu begleichen. Ähnlich funktioniert die so genannte „Kautionsbürgschaft". Hier gibt nicht ein Geldinstitut, sondern eine Versicherung die Bürgschaftserklärung ab. Bei einem verpfändeten Sparbuch wird ein Sparbuch auf den Namen des Mieters mit dem Kautionsbetrag angelegt. Dann verpfändet der Mieter das Sparbuch an den Vermieter. Das heißt, er übergibt das Buch seinem Vermieter zusammen mit einer Verpfändungserklärung, die bei den Geldinstituten zu erhalten ist. Auch hier gilt, der Mieter kann die Sicherheit in Raten erbringen, die erst bei Beginn des Mietverhältnisses fällig werden. Vertragsklauseln, die den Mieter verpflichten, den Betrag einmal zu zahlen, sind unwirksam.

Rückzahlung

Ist das Mietverhältnis beendet, muss der Vermieter die Mietsicherheit zurückgeben. Bei einer Barkaution heißt das, er muss die Kaution mit Zins und Zinseszins an den Mieter auszahlen. Oder er muss die Bürgschaftsurkunde bzw. das Sparbuch zurückgeben.

Auszahlen bzw. zurückgeben muss der Vermieter die Kaution so schnell wie möglich nach Beendigung des Mietverhältnisses. Allerdings hat der Vermieter Zeit zu prüfen, ob er noch Ansprüche aus dem Mieterverhältnis gegen den Mieter geltend machen kann oder nicht. Nach drei, spätestens nach sechs Monaten, in extremen Ausnahmefällen nach neun Monaten, muss der Vermieter aber über die Mietkaution abgerechnet haben. Eigentlich sogar früher. Denn spätestens wenn der Vermieter die Wohnung neu vermietet hat, muss er sich darüber im Klaren sein, ob er noch Schadensersatzansprüche oder Forderungen wegen Schönheitsreparaturen geltend macht. Stehen nur noch die Nebenkostenabrechnungen aus, darf der Vermieter zumindest einen Teil der Mietkaution sogar länger als neun Monate zurückbehalten, aber nicht drei volle Monatsmieten.

TIPPS

- Bei der Wohnungsvermittlung gilt das Bestellerprinzip. Das bedeutet, im Regelfall müssen Vermieter die Maklerprovision zahlen, Mieter nur in Ausnahmefällen.
- Ein Makler darf keine Vorschüsse, Einschreib- oder Schreibgebühren verlangen.
- Verlangt der Vermieter oder Makler, dass Mieter Fragebögen ausfüllen, müssen Mieter nicht „mitspielen". Sie riskieren aber, dass sie dann die Wohnung nicht bekommen. Es empfiehlt sich, alle Fragen zu beantworten. Antworten auf Fragen, mit denen abgeklärt werden soll, ob der Mieter die Wohnung überhaupt bezahlen kann (Einkommen, Arbeitsplatz), müssen stimmen – genauso, wie Antworten auf die Frage, wer eigentlich in die Wohnung einziehen soll.
- Vorsicht vor Traumwohnungen zu Minipreisen, die in Zeitungen oder im Internet angeboten werden. Immer skeptisch bleiben und vor allem nie irgendwelche Vorauszahlungen leisten, Geld ins Ausland überweisen oder einem Unbekannten Bargeld übergeben.
- Bei Sozialwohnungen darf der Vermieter die Kaution nicht zum Ausgleich von Miet- oder Nebenkostenrückständen verwenden. Hierfür bekommt er ein so genanntes Umlage- und Mietausfallwagnis.
- Die Kaution hat grundsätzlich nur eine Sicherungs- und keine Befriedungsfunktion. Der Vermieter darf sich deshalb nur wegen unstreitiger oder rechtskräftig festgestellter Ansprüche aus der Kaution bedienen.
- Bevor Mieter zustimmen, dass die Mietsicherheit in Aktienwerte oder Fonds fließt, sollten sie sich darüber im Klaren sein, dass je nach Kursentwicklung nicht nur eventuelle Erträge auf dem Spiel stehen, sondern auch die Kaution selbst, das heißt ihr Kapital.
- Verpflichtet zur Rückzahlung der Mietkaution ist immer der aktuelle Vermieter. Ist während des Mietverhältnisses das Haus verkauft worden und gibt es einen neuen Eigentümer, dann muss der beim Auszug des Mieters die Mietkaution zurückzahlen.

3. Kapitel. Miete und Mieterhöhung

Bei Abschluss des Mietvertrages konnten Vermieter und Mieter bisher die Höhe der Miete im Ergebnis frei aushandeln und vereinbaren. Verboten waren allenfalls Wuchermieten. Jetzt gibt es die so genannte **Mietpreisbremse**. Sie ist nicht verfassungswidrig. Die Regelung verstößt nicht gegen die Garantie des Eigentums, die Vertragsfreiheit oder den allgemeinen Gleichheitssatz, entschied das Bundesverfassungsgericht (1 BvL 1/18; 1 BvR 1595/18; 1 BvL 4/18). Die 2015 einführte Mietpreisbremse wurde zum 1. Januar 2019 nachgebessert und soll bis voraussichtlich Ende des Jahres 2019 noch einmal nachgebessert werden. Ursprünglich sollte die Mietpreisbremse fünf Jahre gelten, also bis 2020. Jetzt hat die Bundesregierung die Verlängerung bis 2025 beschlossen und bereits einen entsprechenden Gesetzentwurf vorgelegt.

Die Mietpreisbremse bestimmt dem Grundsatz nach, dass bei der Wiedervermietung einer Wohnung der Vermieter als zulässige Miete höchstens die ortsübliche Vergleichsmiete (siehe unten) plus 10 Prozent fordern darf.

BEISPIEL

Laut Mietspiegel beträgt die ortsübliche Vergleichsmiete für die Wohnung 6,50 Euro je Quadratmeter. Nach einem Mieterwechsel darf die Miete für den neuen Mieter höchstens auf 7,15 Euro je Quadratmeter steigen.

Alternativ darf der Vermieter auch die bisherige Miete weiter fordern, wenn die schon über der Grenze „Vergleichsmiete plus 10 Prozent“ lag.

BEISPIEL

Die Vergleichsmiete beträgt 6,50 Euro je Quadratmeter. Der Vermieter hat bisher aber schon 7,50 Euro je Quadratmeter verlangt. Bei der Wiedervermietung der Wohnung muss er die Miete dann nicht auf 7,15 Euro je Quadratmeter senken (Vergleichsmiete plus 10 Prozent). Er darf auch in dem neuen Mietvertrag weiter 7,50 Euro vereinbaren.

Das Gesetz schreibt vor, dass Mieterhöhungen, die mit dem früheren Mieter innerhalb des letzten Jahres vor Beendigung des Mietverhältnisses vereinbart wurden, nicht mitzählen. Dadurch sollen Mauscheleien und Umgehungen zu Lasten des neuen Mieters verhindert werden.

Hat der Vermieter während des vorherigen Mietverhältnisses modernisiert, die mögliche Mieterhöhung aber nicht geltend gemacht, oder modernisiert der Vermieter zwischen Beendigung des bisherigen und Abschluss des neuen Mietvertrages, gilt: Der Vermieter darf die ortsübliche Vergleichsmiete für die nicht modernisierte Wohnung plus 10 Prozent fordern zuzüglich des „Modernisierungsmieterhöhungs-Beitrags“, wie er auch in einem laufenden Mietverhältnis gezahlt werden müsste (8 Prozent der Modernisierungskosten als Zuschlag auf die Jahresmiete).

Für Modernisierungsmaßnahmen, die bis Ende 2018 angekündigt oder durchgeführt wurden, können noch 11 Prozent der Modernisierungskosten auf die Jahresmiete aufgeschlagen werden.

BEISPIEL

Die bisherige Miete und Vergleichsmiete beträgt 5 Euro je Quadratmeter. Nach Auszug des Mieters wird modernisiert, die anteiligen Modernisierungskosten für die 60 Quadratmeter große Wohnung betragen 6.000 Euro. Das würde einen Modernisierungszuschlag von 0,67 Euro je Quadratmeter und Monat rechtfertigen. Bei einer Wiedervermietung darf die Miete auf 6,17 Euro je Quadratmeter steigen (5 Euro plus 10 Prozent plus 0,67 Euro Modernisierungszuschlag).

Die Mietpreisbremse gilt nur für Gebiete mit angespannten Wohnungsmärkten. Die können von den jeweiligen Landesregierungen für die Dauer von höchstens fünf Jahren per Verordnung festgelegt werden. Gemeint sind Städte bzw. Gemeinden oder Teile einer Gemeinde, in denen die ausreichende Versorgung der Bevölkerung mit Mietwohnungen zu angemessenen Bedingungen besonders gefährdet ist. Dies kann beispielsweise der Fall sein, wenn die Mieten hier deutlich stärker steigen als im bundesweiten Durchschnitt oder die durchschnittliche Mietbelastung über dem Bundesdurchschnitt liegt usw. In der Vergangenheit haben einige Gerichte, zuletzt auch der Bundesgerichtshof (BGH VIII ZR 130/18) Landesverordnungen für unwirksam erklärt, weil es keine ausreichende Begründung in der Verordnung gab bzw. weil die Begründung nicht veröffentlicht wurde. Zumindest Hamburg, Hessen, Bayern und Brandenburg haben diesen Formfehler zwischenzeitlich korrigiert, eine neue Verordnung erlassen und die Begründung veröffentlicht. Handlungsbedarf besteht möglicherweise aber noch in Nordrhein-Westfalen und Baden-Württemberg. Keine Landesverordnung und damit auch keine Mietpreisbremse gibt es im Saarland, in Sachsen und Sachsen-Anhalt. Schleswig-Holstein plant, die Landesverordnung zur Mietpreisbremse abzuschaffen. Ob letztlich die Mietpreisbremse vor Ort tatsächlich gilt, erfahren Sie bei Ihren örtlichen Mietervereinen.

WICHTIG

WICHTIG Die Mietpreisbremse gilt nicht für Neubauwohnungen, die nach dem 1. Oktober 2014 erstmals genutzt oder vermietet werden, bzw. für Wohnungen, die erstmals nach einer umfassenden Modernisierung vermietet werden.

Hält sich der Vermieter nicht an die so genannte „Mietpreisbremse“, muss der Mieter einen Verstoß rügen. Der Vermieter muss dann ggf. die Miete reduzieren. Am besten, Sie lassen sich von Ihrem örtlichen Mieterverein beraten.

WICHTIG

WICHTIG Vielfach haben Mieter in der Vergangenheit die Mietpreisbremse nicht gezogen, weil sie nicht wussten oder beurteilen konnten, ob sich der Vermieter mit Erfolg auf einen Ausnahmetatbestand (siehe oben) berufen konnte. Deshalb hat der Gesetzgeber mit Wirkung zum 1.1.2019 nachgebessert. Will der Vermieter von der Grundregel der Mietpreisbremse (ortsübliche Vergleichsmiete plus 10 Prozent) abweichen, zum Beispiel wegen einer höheren Vormiete oder wegen zwischenzeitlich durchgeführter Modernisierungen, muss er dies seinem Mieter bei Vertragsabschluss mitteilen. Geschieht dies nicht, kann er höchstens die ortsübliche Vergleichsmiete plus 10 Prozent fordern.

Die Bundesregierung plant zurzeit eine weitere Korrektur. Ein entsprechender Gesetzentwurf liegt vor, war bei Redaktionsschluss aber noch nicht verabschiedet. Danach soll der Mieter, der bei Vertragsabschluss einer zu hohen Miete zugestimmt hat, diesen Verstoß gegen die Mietpreisbremse nicht nur wie bisher auch schon rügen können. Er soll vor allem die zwischenzeitlich zu viel gezahlte Miete von Vertragsbeginn an zurückfordern können. Bisher kann der Mieter ab dem Zeitpunkt seiner Rüge nur eine Absenkung der Miete auf das gesetzlich Zulässige verlangen.

Mieterhöhung im laufenden Mietverhältnis

Gesetzlich geregelt ist außerdem, wie sich die Miete während des Mietverhältnisses entwickeln darf. Entweder richten sich Mieterhöhungen nach der ortsüblichen Vergleichsmiete oder Mieter und Vermieter haben von Anfang an eine so genannte Index- oder Staffelmiete im Mietvertrag vereinbart.

- **Indexmiete**
  Mieterhöhungen werden hier an die allgemeine Preisentwicklung gekoppelt. Dabei wird die Miete in dem Umfang teurer, wie der vom Statistischen Bundesamt ermittelte Preisindex für die Lebenshaltung aller privaten Haushalte in Deutschland steigt. Voraussetzung für eine Anhebung der Miete ist, dass die bisherige Miete mindestens ein Jahr unverändert geblieben ist. Erforderlich ist daneben, dass der Vermieter in seiner schriftlichen Mieterhöhungserklärung den alten und den aktuellen Preisindex angibt. Die Differenz muss er in Prozente umrechnen und daraus die neue Miete oder den Mieterhöhungsbetrag errechnen. Anders als bei der ortsüblichen Vergleichsmiete kommt es auf eine Zustimmung des Mieters nicht an. Er muss die erhöhte Miete ab dem übernächsten Monat zahlen.

- **Staffelmiete**
  Bei einem Staffelmietvertrag legen Mieter und Vermieter schon zu Beginn des Mietverhältnisses exakt fest, wann die Miete in welchem Umfang steigt. Die Vereinbarung lautet zum Beispiel: „Das Mietverhältnis beginnt am 1. Oktober 2019. Die Miete beträgt monatlich 500 Euro. Sie erhöht sich ab 1. Oktober 2020 auf 520 Euro … ab 1. Oktober 2021 auf 540 Euro … usw.“

  Zwischen den einzelnen Mieterhöhungsstaffeln muss mindestens ein Jahr liegen, sonst ist die Vereinbarung unwirksam. Im Vertrag muss entweder die zu zahlende Monatsmiete immer ausdrücklich genannt werden oder aber der jeweilige Erhöhungsbetrag. Die Angabe des Quadratmeterpreises allein reicht nicht aus. Auch eine Vereinbarung, wonach die Miete jedes Jahr zum Beispiel um fünf Prozent steigen soll, ist keine Staffelmietvereinbarung und unwirksam.

WICHTIG

WICHTIG Der Vermieter muss bei Staffelmietverträgen keine Mieterhöhung schicken. Die Mieterhöhungen werden „automatisch“ wirksam.

Vergleichsmiete

Für die meisten Wohnungen gilt aber das so genannte Vergleichsmietensystem. Danach kann der Vermieter die Zustimmung des Mieters zu einer Mieterhöhung bis zur Höhe der ortsüblichen Vergleichsmiete fordern.

Form und Frist

Mündliche Mietvereinbarungen, zum Beispiel an der Wohnungstür, über Telefon usw., sind unwirksam. Mieter müssen die Vermieterforderung „schwarz auf weiß“ erhalten, das heißt schriftlich. Fast immer kommt das Mieterhöhungsschreiben per Post und ist vom Vermieter unterschrieben. Denkbar ist die Übermittlung der Mieterhöhung aber auch über Telefax oder Computer-Ausdruck. Die eigenhändige Unterschrift des Vermieters ist nicht zwingend erforderlich. „Textform“ reicht aus. Anstelle der „Original-Unterschrift“ kann dann die Faksimile-Unterschrift des Vermieters treten oder eine „maschinelle Unterschrift“, wie zum Beispiel gez. Müller.

Sind mehrere Personen gemeinsam Vermieter, zum Beispiel ein Ehepaar oder eine Erbengemeinschaft, dann ist die Mieterhöhungserklärung nur wirksam, wenn sie von allen Vermietern – schriftlich oder in Textform – erklärt wird. Sie muss sich an alle Mieter der Wohnung richten. Bei einem Ehepaar als Mieter an beide Ehepartner, bei einer Wohngemeinschaft an alle WG-Mitglieder.

Jahressperrfrist und Kappungsgrenze

Das Bürgerliche Gesetzbuch gibt dem Vermieter die Möglichkeit, in einem laufenden Mietverhältnis die Miete immer auf die Durchschnittsmiete für vergleichbare Wohnungen am Wohnort zu erhöhen. Im Gegenzug schützt das Gesetz den Mieter aber vor zu häufigen und zu drastischen Mieterhöhungen auf einen Schlag.

- **Jahressperrfrist**
  Die **Jahressperrfrist** sorgt dafür, dass der Mieter frühestens nach 12 Monaten eine Mieterhöhung bekommen kann und frühestens nach 15 Monaten mehr Miete zahlen muss. Zwischen dem Einzug in die Mietwohnung und der ersten Mieterhöhung müssen mindestens 12 Monate liegen. Auch nach einer erfolgten Mieterhöhung auf die ortsübliche Vergleichsmiete muss der Vermieter mindestens ein Jahr warten, bis er das nächste Mal wieder die Miete erhöhen kann. Hat das Mietverhältnis beispielsweise am 1.8.2018 begonnen oder ist die letzte Mieterhöhung zu diesem Zeitpunkt wirksam geworden, dann darf der Vermieter frühestens nach zwölf Monaten, also im August 2019 eine neue Mieterhöhung zum 1.11.2019 schicken. Mieterhöhungserklärungen, die die Jahressperrfrist nicht einhalten, sind unwirksam. Der Mieter muss hierauf noch nicht einmal reagieren.
- **Kappungsgrenze**
  Bei der Mieterhöhung auf die ortsübliche Vergleichsmiete muss außerdem immer die **Kappungsgrenze** beachtet werden. Danach darf die Miete innerhalb von drei Jahren **höchstens** um 20 Prozent steigen. Seit Mai 2013 können die Bundesländer per Verordnung Städte und Gemeinden festlegen, in denen Wohnungen fehlen, insbesondere Wohnungen zu angemessenen Preisen, in denen dann die Kappungsgrenze nicht bei 20 Prozent, sondern nur bei 15 Prozent liegt. Hier darf die Miete dann innerhalb von drei Jahren höchstens um 15 Prozent steigen. Entsprechende Verordnungen gibt es in:
  - Bayern in 162 Gemeinden,
  - Berlin,
  - Hamburg,
  - Bremen (ohne Bremerhaven),
  - Brandenburg in 24 Gemeinden,
  - Hessen in 31 Gemeinden,
  - Nordrhein-Westfalen in 37 Gemeinden,
  - Schleswig-Holstein in 15 Gemeinden,
  - Rheinland-Pfalz in 4 Gemeinden,
  - Baden-Württemberg in 44 Gemeinden,
  - Niedersachsen in 19 Gemeinden,
  - Sachsen in Dresden und Leipzig.

Das Saarland, Mecklenburg-Vorpommern, Sachsen-Anhalt und Thüringen haben keine Verordnung erlassen.

Das heißt nicht, dass die Miete automatisch alle drei Jahre um 20 bzw. 15 Prozent steigen darf oder muss. Die Kappungsgrenze gibt dem Vermieter kein Recht auf garantierte Mietsteigerungen. Sie schützt vielmehr Mieter vor allzu drastischen Mietsprüngen.

Obergrenze für jedes Mieterhöhungsverlangen des Vermieters ist die ortsübliche Vergleichsmiete. Nur wenn die bisher vom Mieter gezahlte Miete deutlich unter diesem Vergleichswert liegt, greift als zweite Obergrenze die Kappungsgrenze ein: Der Vermieter darf nicht „auf einen Schlag“ die bisher sehr günstige Miete auf das hohe Vergleichsmietenniveau anheben. Er muss das schrittweise tun – innerhalb von drei Jahren höchstens um 20 bzw. 15 Prozent. Dann ist es egal, ob er drei Jahre hintereinander um gut sechs Prozent erhöht oder nach drei Jahren um 20 Prozent bzw. drei Jahre hintereinander um knapp fünf Prozent oder nach drei Jahren um 15 Prozent.

BEISPIEL

- Ortsübliche Miete 2019: 7,00 Euro pro Quadratmeter
  aktuelle Miete seit 2016: 5,00 Euro pro Quadratmeter
  maximal zulässige Mieterhöhung: 1,00 Euro, das heißt keine Erhöhung auf Vergleichsmiete möglich, höchstens 20 Prozent Mieterhöhung wegen Kappungsgrenze: 6,00 Euro pro Quadratmeter; bzw. bei Geltung der 15-Prozent-Kappungsgrenze (siehe oben): 5,75 Euro pro Quadratmeter.
- Ortsübliche Miete 2019: 7,00 Euro pro Quadratmeter
  aktuelle Miete seit 2016: 6,50 Euro pro Quadratmeter
  maximal zulässige Mieterhöhung: 50 Cent, Anhebung auf ortsübliche Vergleichsmiete möglich, Kappungsgrenze spielt keine Rolle: 7,00 Euro pro Quadratmeter ist die neue Miete.

Mieterhöhungsbegründung

Der Vermieter muss die Mieterhöhung schriftlich bzw. in Textform begründen. Der bloße Wunsch nach mehr Miete reicht nicht aus. Auch der Hinweis auf allgemeine Kostensteigerungen oder hohe Handwerkerrechnungen sind keine wirksame Begründung. Der Vermieter kann fordern, dass die Miete auf die ortsübliche Vergleichsmiete angehoben wird. Das ist die Durchschnittsmiete, die am Wohnort des Mieters für vergleichbare Wohnungen üblicherweise gezahlt wird. Sie ist eine repräsentativer Querschnitt aller Mietpreise der letzten vier Jahre, wie sie für die jeweilige Wohnungskategorie vereinbart oder geändert wurde. Art, Größe, Ausstattung, Beschaffenheit und Lage der Wohnung spielen hierbei die entscheidende Rolle.

Um die Ortsüblichkeit der von ihm geforderten Miete nachzuweisen, hat der Vermieter nach dem Gesetz drei Begründungsmöglichkeiten zur Wahl: Mietspiegel, Sachverständigengutachten oder mindestens drei Vergleichswohnungen.

Grundsätzlich ist der Vermieter frei bei der Wahl des Begründungsmittels. Existiert vor Ort aber ein so genannter qualifizierter Mietspiegel, muss er dessen Werte im Mieterhöhungsschreiben zumindest mit aufnehmen.

- **Mietspiegel**
  Mietspiegel sind Übersichten über die ortsübliche Vergleichsmiete. Sie müssen entweder von der Gemeinde selbst erstellt oder gemeinsam von den Interessenverbänden, das heißt von den Mieter- und Hauseigentümervereinen, erarbeitet worden sein. Preisübersichten von Finanzämtern, Maklerverbänden, Immobilienportalen usw. sind keine Mietspiegel und damit für das Mieterhöhungsverfahren unzulässig.

  Begründet der Vermieter die Mieterhöhung mit einem Mietspiegel, muss er die Mietwohnung unter Berücksichtigung des Baujahres des Hauses, der Wohnungsgröße, der Wohnungsausstattung, der Wohnlage, ggf. einschließlich der energetischen Ausstattung und Beschaffenheit, einem bestimmten Mietspiegelfeld zuordnen.
- **Qualifizierte Mietspiegel**
  Qualifizierte Mietspiegel haben die Vermutung der Richtigkeit für sich. Sie werden nach anerkannten wissenschaftlichen Grundsätzen, das heißt auf repräsentativer Datenbasis und mit methodischer Auswertung, erstellt. Sie müssen von der Gemeinde oder Stadt anerkannt sein. Alternativ reicht es auch aus, wenn sie von den Interessenverbänden der Mieter und Vermieter akzeptiert worden sind. Dieser qualifizierte Mietspiegel muss nach zwei Jahren der Marktentwicklung angepasst und fortgeschrieben werden, spätestens nach vier Jahren muss er neu aufgestellt werden.

  Auch vor Gericht spielt der qualifizierte Mietspiegel eine besondere Rolle. Es gilt die Vermutung, dass der qualifizierte Mietspiegel tatsächlich die ortsübliche Vergleichsmiete widerspiegelt, also „richtig" ist.

  Neben den qualifizierten Mietspiegeln gibt es aber – wie bisher – die normalen oder einfachen Mietspiegel. Diese Mietspiegel können, müssen aber nicht wissenschaftlichen Anforderungen entsprechen. Sie können beispielsweise auch auf Erhebungen oder Verhandlungen der örtlichen Interessenverbände beruhen. Wird der qualifizierte Mietspiegel nicht rechtzeitig fortgeschrieben oder neu erstellt, wird er wie ein einfacher und normaler Mietspiegel behandelt.
- **Sachverständigengutachten**
  Sachverständigengutachten sind für den Vermieter das teuerste und deshalb auch seltenste Begründungsmittel. Es gilt:
  - Der Sachverständige muss qualifiziert sein. Er muss für ein Fachgebiet öffentlich bestellt und vereidigt sein, in dem es zumindest auch um Mietpreisbewertung geht. Gutachten oder Expertisen einer Hausbank oder eines Maklers reichen nie aus.
  - Das Gutachten muss im vollen Wortlaut der Mieterhöhung beigelegt werden.
  - Das Gutachten muss begründet und nachvollziehbar und darf nicht älter als zwei Jah-

re sein. Erforderlich ist eine Aussage zu der tatsächlichen ortsüblichen Vergleichsmiete. Dabei muss die begutachtete Mietwohnung in das örtliche Mietpreisgefüge eingeordnet werden.

- Der Sachverständige muss die Wohnung, die er bewertet, eigentlich auch gesehen haben. Nach einer Entscheidung des Bundesgerichtshofs ist das aber nicht zwingend. Eine vorherige Besichtigung der Wohnung sei nicht notwendig. Die erforderlichen Informationen zu der konkreten Mietwohnung könne der Gutachter auch auf anderem Wege erhalten, zum Beispiel direkt vom Vermieter.

- **Vergleichswohnungen**
Vergleichswohnungen sind für den Vermieter das einfachste und für den Mieter das problematischste Begründungsmittel. Der Vermieter muss mindestens drei Wohnungen benennen, in denen heute schon so viel Miete gezahlt wird, wie er mit seiner Mieterhöhung fordert. Dabei kann er Wohnungen aussuchen, die besonders teuer sind. Mit der Vergleichsmiete haben diese Zahlen oft nichts zu tun. Als „formale Begründung" für eine Mieterhöhung reichen sie zunächst einmal aus. Aber auch hier müssen die Mieter im Zuge des Zustimmungsverfahrens genau prüfen, ob die vom Vermieter verlangte Mieterhöhung auch „inhaltlich" begründet ist. Existiert vor Ort ein Mietspiegel, kann leicht eine „Gegenrechnung" aufgemacht werden. Ansonsten kann der Mieter den örtlichen Mieterverein einschalten. Dort kennt man das Preisniveau in der Stadt bzw. Gemeinde genau und kann Auskunft geben.

Zustimmung

Der Vermieter kann eine Mieterhöhung auf die ortsübliche Vergleichsmiete nicht einseitig festlegen oder vorgeben. Es gilt das Zustimmungsverfahren. Die Erhöhung wird nur wirksam, wenn der Mieter zustimmt oder das Gericht ihn zur Zustimmung verurteilt.

Aber: Ist die Mieterhöhung formal in Ordnung und sachlich begründet, muss er zustimmen. Darauf hat der Vermieter Anspruch.

Zur Prüfung hat der Mieter ausreichend Zeit. Nach dem Gesetz beginnt die Zustimmungsfrist an dem Tag, an dem er die Mieterhöhung bekommt. Den Rest des Monats und die beiden darauf folgenden Monate stehen ihm als Prüfzeit zur Verfügung. Sind im Mieterhöhungsschreiben kürzere Fristen angegeben, ist das unbeachtlich. Die gesetzliche Regelung ist zwingend.

Am Ende der Zustimmungsfrist bzw. nach Ablauf der Prüfzeit kann als Ergebnis nicht nur die Ablehnung oder Zustimmung zur Mieterhöhung stehen, denkbar ist auch die teilweise Zustimmung zur Erhöhung. Beispielsweise dann, wenn die Mieterhöhung des Vermieters mit teuren Vergleichswohnungen begründet ist, aber auch der Mietspiegel einen Teil der geforderten Mieterhöhung decken würde.

Klage auf Zustimmung

Stimmt der Mieter der Mieterhöhung nicht oder nicht vollständig zu und will der Vermieter die Erhöhung durchsetzen, muss er das Gericht einschalten und auf Zustimmung klagen. Die Klage muss er spätestens drei Monate nach Ablauf der Überlegungsfrist des Mieters erhoben haben. Hat er diesen Termin verpasst, ist die Mieterhöhung „vom Tisch". Der Vermieter kann dann höchstens eine neue Mieterhöhung schicken. Das Zustimmungsverfahren beginnt wieder von neuem.

TIPPS

- Mieter und Vermieter können sich auch unabhängig von allen gesetzlichen Vorgaben auf eine einvernehmliche Mieterhöhung einigen, per „Handschlag".
- Die Zustimmung zu einer an sich berechtigten Mieterhöhung kann der Mieter nicht mit dem Argument verweigern, zuerst müssten bestehende Wohnungsmängel beseitigt werden. Das eine hat mit dem anderen nichts zu tun.
- Der Vermieter muss dem Mieterhöhungsschreiben den Mietspiegel selbst nicht beifügen, wenn dieser allgemein zugänglich ist, zum Beispiel im Kundencenter des Vermieters, oder beim Mieterverein erhältlich oder online eingestellt ist.
- Bei Mieterhöhungen spielt auch das Baujahr des Hauses eine wichtige Rolle. Achten Sie darauf, dass der Vermieter das Mietshaus nicht jünger macht, als es ist, und damit zu teuer.
- Neben dem Quadratmeterpreis kommt es bei der Mieterhöhung auf die Wohnfläche an. Im Zweifel kann sich ein Nachmessen lohnen. Die tatsächliche Wohnfläche zählt.
- Bestimmte Einrichtungs- und Ausstattungsmerkmale können den Preis der Wohnung erhöhen. In fast allen Mietspiegeln gibt es Erklärungen, was eine besondere Ausstattung ist und wie viele Merkmale erfüllt sein müssen, bis sie sich werterhöhend auswirken.
- Eine Mieterhöhung darf nicht auf Ausstattungsmerkmale gestützt werden, die der Mieter selbst geschaffen oder bezahlt hat. Beispielsweise das von ihm neu modernisierte Bad oder die von ihm eingebaute Etagenheizung.

4. Kapitel. Betriebs- oder Nebenkosten

Beratungsthema Nummer 1 bei den örtlichen Mietervereinen sind die Betriebs- oder Nebenkosten. Im Durchschnitt zahlen Mieter in Deutschland 2,10 bis 2,20 Euro pro Quadratmeter und Monat für diese so genannte zweite Miete. Werden aber alle nach der Betriebskostenverordnung nur denkbaren und zulässigen Betriebskosten umgelegt, können auch schnell 2,80 Euro und mehr zusammenkommen. Nach der Definition der Betriebskostenverordnung handelt es sich hier um Kosten, die dem Eigentümer durch das Eigentum am Grundstück oder durch den bestimmungsgemäßen Gebrauch des Gebäudes laufend entstehen. Zur weiteren Klarstellung enthält die Verordnung einen abschließenden Katalog von denkbaren und möglichen Betriebskostenarten. 14 Kostenarten betreffen die so genannten „kalten" Betriebskosten, dazu kommen noch Heiz- und Warmwasserkosten.

Zahlen muss der Mieter für diese Betriebskosten nur, wenn dies im Mietvertrag ausdrücklich vereinbart ist. Ist hier geregelt, dass der Mieter alle Kosten im Sinne der Betriebskostenverordnung oder der II. Berechnungsverordnung (Vorläuferregelung) zahlen muss, und fallen diese Kostenarten im Gebäude tatsächlich an, müssen Mieter diese Kosten zusätzlich zur Miete zahlen. Ist im Mietvertrag geregelt, dass der Mieter neben der Miete noch für Wasser, Abwasser und Müllabfuhr zahlen soll, dann muss er nur genau hierfür zahlen, nicht für andere Kostenarten.

Hiervon gibt es eine Ausnahme: Heizkosten muss der Mieter praktisch immer zusätzlich zur Miete zahlen. Wird das Mietshaus über eine Zentralheizung versorgt, ist eine verbrauchsabhängige Heizkostenabrechnung vorgeschrieben.

Im Mietvertrag wird fast immer vereinbart, dass Mieter monatliche Vorauszahlungen leisten müssen, über die der Vermieter dann einmal im Jahr abrechnet.

Welche Kosten dürfen abgerechnet werden?

Als Betriebskosten (juristischer Begriff) bzw. Nebenkosten (umgangssprachlicher Begriff) dürfen nur solche Kosten abgerechnet werden, die vertraglich vereinbart wurden, tatsächlich entstanden sind und aus dem Katalog der Betriebskostenverordnung stammen:

- Heizkosten und ggf. zentrale Warmwasserversorgung – Zum Warmwasser gehört auch eine so genannte Legionellenüberprüfung.
- Grundsteuer – Sie wird von der Gemeinde oder Stadt per Bescheid geltend gemacht.
- Kosten der Wasserversorgung, das heißt des Kaltwasserverbrauchs – Auch Kosten für Wasseruhren in den Wohnungen fallen hierunter.
- Kosten der Entwässerung, das heißt Abwasserkosten – Häufig wird hier auch von Kanalgebühren oder Sielgebühren gesprochen. Auch Gebühren für die so genannte Oberflächenentwässerung, Regenwasser oder Niederschlagswasser gehören in diese Position.
- Kosten für den Aufzug – Hierunter fallen die Kosten des Betriebsstroms für den Fahrstuhl und die Wartungskosten. Muss der Aufzug repariert werden, sind das keine Betriebskosten.
- Straßenreinigung und Müllbeseitigung – Beide Kostenarten werden in der Regel von den Städten oder Gemeinden dem Vermieter durch Abgabenbescheid in Rechnung gestellt.
- Gebäudereinigung und Ungezieferbekämpfung – Mit der Gebäude- oder Hausreinigung ist die Säuberung von Fluren, Treppen, Kellern, Waschküchen, Bodenräumen usw., das heißt von Gemeinschaftsräumen, gemeint. Umgelegt werden dürfen diese Kosten, wenn beispielsweise eine Putzfrau oder Reinigungsfirma für den Vermieter tätig wird. Die Kosten für die Ungezieferbekämpfung sind nur dann Betriebskosten, wenn sie laufend entstehen.
- Kosten der Gartenpflege – Das sind die ständig wiederkehrenden Pflegekosten der zum Haus gehörenden Grünanlagen, ggf. auch Kosten der Erneuerung von Pflanzen und Gehölzen. Wird der Garten nur vom Vermieter selbst oder nur vom Erdgeschossmieter genutzt, müssen die anderen Bewohner des Hauses dafür nicht zahlen.
- Kosten der Beleuchtung – Gemeint sind Stromkosten für die Außenbeleuchtung oder für Treppenhaus, Keller usw.
- Schornsteinreinigung – Hierunter fallen Kosten für den Schornsteinfeger, also die Kehrgebühren und unter Umständen auch Kosten für Immissionsmessungen.
- Sach- und Haftpflichtversicherung – Das sind Kosten der Gebäudeversicherung, also Versicherungen gegen Feuer-, Sturm- und Wasserschäden, weiterhin die Glasversicherung, die Haftpflichtversicherung für das Gebäude, den Öltank

und den Aufzug. Dagegen können Kosten für die Rechtsschutzversicherung des Vermieters, für dessen private Haftpflicht- oder Hausratversicherung nicht als Betriebskosten angesetzt werden.

- Hauswarts- oder Hausmeisterkosten – Zahlen müssen Mieter diese Betriebskostenposition nur, soweit echte Hausmeistertätigkeiten ausgeführt werden, zum Beispiel Gartenpflege, Schneebeseitigung, Hausreinigung oder Wartungsarbeiten. Führt der Hausmeister auch Reparaturarbeiten durch oder leistet er Verwaltungsarbeiten, dürfen die Hausmeisterkosten insoweit nicht in die Betriebskostenabrechnung eingestellt werden.
- Kosten der Gemeinschaftsantenne bzw. des Breitbandkabels – Gemeint sind beispielsweise Strom-, ggf. Wartungskosten oder beim Kabel auch eine monatlich zu zahlende Grundgebühr.
- Kosten der Wäschepflege – Hat der Vermieter im Keller Waschmaschinen, Wäschetrockner usw. für die Mieter aufgestellt, dürfen die laufenden Kosten dieser Geräte als Betriebskosten abgerechnet werden.
- Sonstige Betriebskosten können Prüfgebühren für einen Feuerlöscher, ggf. Wartungskosten für Rauchwarnmelder, Kosten für die Dachrinnenreinigung, Kosten der Prüfung einer Elektroanlage usw. sein. Entscheidend ist, dass im Mietvertrag genau formuliert sein muss, welche Kosten als „sonstige Betriebskosten" abgerechnet werden sollen.

WICHTIG

WICHTIG Egal, was im Mietvertrag steht, Reparaturkosten und Verwaltungskosten sind nie Betriebskosten, die der Mieter zahlen muss.

Wie muss abgerechnet werden?

Sind im Mietvertrag monatliche Vorauszahlungen für die Betriebskosten vereinbart, muss der Vermieter einmal im Jahr abrechnen. Die Betriebskostenabrechnung muss eine geordnete Zusammenstellung der Einnahmen und Ausgaben enthalten. Sie muss übersichtlich gegliedert und auch für einen Durchschnittsmieter, der nicht täglich mit diesen Dingen zu tun hat, verständlich sein. Folgende Mindeststandards müssen deshalb in einer Abrechnung enthalten sein:

- **Angabe des Abrechnungszeitraumes**
  Das kann der Zeitraum eines Kalenderjahres sein, also vom 1. Januar bis 31. Dezember. Als Abrechnungszeitraum kommen aber auch Zeitspannen zwischen 1. Oktober und 30. September oder vom 1. April bis zum 31. März in Betracht. Wichtig ist, dass die Nebenkostenabrechnung sich immer auf einen Zeitraum von zwölf Monaten erstreckt.
- **Zusammenstellung der Gesamtkosten**
  Der Vermieter muss alle Kosten, die in seinem Haus in der angegebenen Abrechnungsperiode angefallen sind, zusammenstellen. Er muss die Kostenarten einzeln auflisten. Der Mieter soll auf einen Blick prüfen können, ob tatsächlich nur die gesetzlich zulässigen und vertraglich vereinbarten Kostenarten umgelegt werden. Die Gesamtkosten des Hauses müssen dann anhand des vereinbarten Aufteilungsmaßstabes auf die einzelnen Wohnungen im Haus, das heißt auf die einzelnen Mietparteien, verteilt werden. Der Vermieter muss in seiner Abrechnung die Rechenschritte hierzu erklären und angeben, welchen Verteilerschlüssel er anwendet.
- **Verteilerschlüssel**
  Für die Verteilung der 14 „kalten" Betriebskostenarten gilt der im Mietvertrag vereinbarte Aufteilungsmaßstab oder der vom Vermieter festgelegte Verteilerschlüssel. Die gebräuchlichsten Verteilerschlüssel sind „Wohnungsgröße" oder „Personenzahl". Denkbar ist es auch, Kosten nach Wohneinheiten oder nach Kubikmetern umbauten Raum zu verteilen. Wasserkosten zum Beispiel können auch verbrauchsabhängig abgerechnet werden, wenn entsprechende Erfassungssysteme, also Wasseruhren in den Wohnungen, installiert sind. Ist nicht ausdrücklich ein Verteilermaßstab zwischen Mieter und Vermieter vereinbart, gilt die Wohnfläche als Verteilungsmaßstab.
- **Berechnung des Kostenanteils für den einzelnen Mieter**
  Kommt es hier auf die Wohnungsgröße an, müssen die Gesamtkosten einer Kostenart umgerechnet werden auf die Wohnfläche des ganzen Mietshauses. In einem zweiten Schritt wird dann dieser errechnete Quadratmeterpreis mit der Wohnfläche der einzelnen Mieterhaushalte multipliziert.

  Wird nach Personenzahl verteilt, werden zunächst die Gesamtkosten auf alle Bewohner des Hauses aufgeteilt und dann der „Pro-Kopf-Preis" multipliziert mit der Anzahl der Bewohner der Mietwohnung.
- **Verrechnung der Kosten mit den Vorauszahlungen**
  Am Ende der jeweiligen Betriebskostenabrechnung muss der Vermieter den auf den Mieter entfallenden Kostenanteil mit dessen in der Abrechnungsperiode geleisteten Vorauszahlungen verrechnen. Dann kann es zu Nachforderungen des Vermieters oder zu Rückzahlungen an den Mieter kommen.

Besonderheiten bei Heizung und Warmwasser

Neben den so genannten „kalten“ Betriebskostenarten (siehe oben) gehören auch die Kosten für Heizung und Warmwasser zu den denkbaren Betriebskosten. Hier gibt es aber eine Reihe von Besonderheiten.

Die Heizkostenverordnung schreibt zwingend vor, dass Heizkosten verbrauchsabhängig abzurechnen sind, wenn zwei Wohnungen oder mehr von einer Heizanlage versorgt werden. Ausnahmen hiervon gibt es nur, wenn die Verbrauchserfassung technisch nicht möglich oder unwirtschaftlich ist; wenn die Mieter den Wärmeverbrauch in ihren Wohnungen nicht beeinflussen können; in Alten- und Pflegeheimen, Studenten- und Lehrlingsheimen oder in Passivhäusern, in denen praktisch keine Energie verbraucht wird.

Verbrauchsabhängige Abrechnung bedeutet, der Vermieter muss mindestens 50 Prozent und höchstens 70 Prozent der Heiz- und Warmwasserkosten nach Verbrauch verteilen. Die restlichen 30 bis 50 Prozent werden auch bei einer verbrauchsabhängigen Abrechnung nach einem festen Maßstab, im Regelfall nach der Wohnfläche, verteilt. Zur Durchführung der Verbrauchsabrechnung müssen alle Wohnungen und Heizkörper mit Erfassungssystemen ausgestattet werden. Die Installation, das Ablesen der Geräte und auch die Erstellung der Heizkostenabrechnung erfolgen in der Regel durch Wärmemessdienstfirmen.

„Dickster Brocken“ in der Heizkostenabrechnung sind die Brennstoffkosten. Gleichgültig, ob das Haus mit Fernwärme, Gas oder Öl beheizt wird, ob die Energie in Kilowattstunden, Kubikmetern oder Litern angegeben wird, in der Heizkostenabrechnung muss der exakte Preis für die in der Abrechnungsperiode verbrauchten Brennstoffmengen angegeben werden. Bei Ölheizungen muss der Vermieter angeben, wie viel Öl zu Beginn und wie viel am Ende der Abrechnungsperiode im Tank war. Der Anfangsbestand muss dem Endbestand der Vorjahresabrechnung entsprechen, und zwar in Menge und Wert/Preis.

Neben den Brennstoffkosten werden noch so genannte Heizungsnebenkosten abgerechnet. Diese beinhalten Kosten für:

- die Bedienung, Überwachung und Pflege der Heizungsanlage;
- den Betriebsstrom;
- Wartungskosten;
- Reinigung der Anlage und des Betriebsraumes;
- Messungen nach dem Immissionsschutzgesetz;
- Anmietung der Erfassungsgeräte;
- Verwendung einer Ausstattung zur Verbrauchserfassung.

Schätzung des Verbrauchs

Es kommt häufig vor, dass der Wärmeverbrauch in einer Wohnung nicht abgelesen werden kann. Die Erfassungssysteme können defekt sein oder der Mieter ist zum Ablesetermin nicht anzutreffen. Für eine korrekte Verteilung der Heizkosten ist es aber grundsätzlich erforderlich, dass die Verbrauchswerte für alle Wohnungen im Haus vorliegen. Durch eine nach der Heizkostenverordnung zulässige Schätzung des Verbrauchs soll vermieden werden, dass die verbrauchsabhängige Abrechnung für das gesamte Haus „lahmgelegt“ wird, wenn in einer oder mehreren Wohnungen nicht abgelesen werden kann. Nach der Heizkostenverordnung darf der Verbrauch einer Wohnung geschätzt werden, wenn der Verbrauch eines Mieters in einem Abrechnungszeitraum wegen Geräteausfalls oder anderen zwingenden Gründen nicht erfasst werden kann. Insgesamt können bis zu 25 Prozent der gesamten Wohnfläche im Haus geschätzt werden. Wird diese Größenordnung überschritten, muss das gesamte Haus nach einem festen Maßstab, in der Regel nach Quadratmetern, abgerechnet werden. Eine verbrauchsabhängige Abrechnung ist dann nicht möglich.

Wird der Verbrauch einer Wohnung geschätzt, geschieht dies in der Regel auf der Grundlage des Verbrauchs der betroffenen Räume in früheren, vergleichbaren Abrechnungsperioden oder anhand des Verbrauchs vergleichbarer Räume innerhalb der aktuellen Abrechnungsperiode.

Mieterwechsel

Zieht der Mieter während der Abrechnungsperiode aus, müssen die Kosten zwischen dem Vor- und Nachmieter aufgeteilt werden. Der Vermieter ist nicht verpflichtet, eine Zwischenabrechnung vorzunehmen. Der ausziehende Mieter muss die endgültige (reguläre) Heizkostenabrechnung abwarten.

Der verbrauchsunabhängige Kostenanteil der Heizkostenabrechnung ist nach der so genannten Gradtagszahlentabelle zwischen dem ein- und ausziehenden Mieter aufzuteilen. In der Gradtagszahlentabelle werden langjährige Erfahrungswerte für den Verbrauch in den einzelnen Monaten im Verhältnis zum Jahresgesamtverbrauch festgelegt.

Der verbrauchsabhängige Kostenanteil der Heizkostenabrechnung wird durch eine Zwischenablesung erfasst, soweit nicht ausdrücklich etwas anderes vereinbart ist. Die Erfassungssysteme werden dann nicht nur wie alle anderen im Haus auch am Ende der

Abrechnungsperiode abgelesen, sondern zusätzlich zum Zeitpunkt des Mieterwechsels. Die verbrauchsabhängigen Kosten werden dann anhand der abgelesenen Einheiten auf den Vor- und Nachmieter verteilt. Ist eine Zwischenablesung nicht möglich, werden auch die verbrauchsabhängigen Heizkosten nach der Gradtagszahlentabelle ermittelt.

Überprüfung und Fristen

Spätestens zwölf Monate nach Ende der Abrechnungsperiode muss der Vermieter über die Betriebskosten abgerechnet haben. Hält er diese Frist nicht ein und schickt er erst danach die Abrechnung an den Mieter, muss der keine Nachforderungen bezahlen. Keine Rolle spielt es dabei, ob die Abrechnung des Vermieters sachlich in Ordnung ist oder nicht.

Nach Einschätzung des Deutschen Mieterbundes ist jede zweite Abrechnung falsch. Deshalb müssen die Abrechnungen sorgfältig geprüft werden. Hierzu hat der Mieter ausreichend Zeit. Nach Eingang der Abrechnung kann er zwei bis vier Wochen lang klären, ob die Abrechnung korrekt ist oder korrigiert werden muss. Bezweifelt der Mieter die Höhe einzelner Betriebskostenarten, zum Beispiel die Hausmeisterkosten, kann er Einblick in die Originalbelege fordern. Der Vermieter muss Rechnungen, Gebührenbescheide, Versicherungspolicen oder Arbeitsverträge zur Einsicht vorlegen, zum Beispiel in seinem Büro. Der Vermieter kann die Belege dem Mieter natürlich auch in Kopie zusenden, verpflichtet ist er hierzu aber nur, wenn dem Mieter die Einsichtnahme beim Vermieter nicht zuzumuten ist. Pro Kopie muss der Mieter 25 Cent zahlen.

TIPPS

- Haben Mieter und Vermieter keinen Verteilerschlüssel festgelegt, sind die Kosten nach Wohnfläche zu verteilen. Anders, wenn die Verbräuche erfasst werden, wie bei den Heizkosten.
- Verwaltungskosten, wie zum Beispiel Kosten für die Hausverwaltung, Bankgebühren, Porto, Zinsen, Telefon usw. sind nie Betriebskosten. Der Mieter muss nicht zahlen, egal, was im Mietvertrag steht.
- Reparaturkosten muss der Mieter nicht zahlen. Reparaturen im Haus oder in der Wohnung sind immer Sache des Vermieters und nie Betriebskosten.
- Insbesondere Mieter einer Eigentumswohnung finden in ihrer Abrechnung häufig die Positionen Verwaltungskosten und Instandhaltungskosten bzw. -rücklagen. Der Vermieter hat dann die Abrechnung der Wohnungseigentümergemeinschaft einfach an die Mieter weitergeleitet. Das geht nicht. Eigentümer müssen diese Kosten zahlen. Mieter nicht.
- Wartungskosten, zum Beispiel für einen Fahrstuhl, sind Betriebskosten. Häufig verbergen sich unter dem Begriff Wartungskosten aber auch Reparaturkosten, die muss der Mieter nie zahlen. Vorsicht bei so genannten Vollwartungsverträgen. Die Vollwartung beinhaltet auch die Durchführung von Reparaturen. Deshalb können hier wegen versteckter Reparaturkosten bis zu 50 Prozent abgezogen werden.
- Gartenpflege und/oder Treppenhausreinigung gehören zu den typischen Hausmeisterarbeiten. Werden diese Kostenarten einzeln abgerechnet, obwohl es einen Hausmeister gibt, muss nachgehakt werden, sonst besteht die Gefahr der Doppelzahlung.
- Hausmeister sind in den meisten Fällen „Mädchen für alles". Das heißt, sie erledigen fast immer auch kleinere Reparaturen und übernehmen Verwaltungsaufgaben. Das sind aber keine Betriebskosten. Von den Hausmeisterkosten müssen dann entsprechende Abzüge gemacht werden.
- Nur die immer wiederkehrenden (das heißt ständigen) Gartenpflegekosten sind Betriebskosten. Wird der Garten völlig neu angelegt, muss der Mieter das nicht zahlen.
- Bewohnt der Vermieter selbst eine Wohnung im Mietshaus, muss er sich an den Betriebskosten anteilig beteiligen. Auch für leer stehende Wohnungen im Haus zahlt der Vermieter.
- Mietkosten für Müllbehälter sind keine Betriebskosten, genauso wenig wie Anschaffungskosten für die Behälter.
- Einmalkosten, zum Beispiel für die Reinigung einer mit Ungeziefer verseuchten Wohnung oder eines verseuchten Hauses, sind keine Betriebskosten. Auch nicht umlegbar sind Kosten, die nachweislich von einer konkreten Mietpartei verursacht wurden.

5. Kapitel. Mieterrechte und -pflichten

Ärger und Auseinandersetzungen zwischen Mieter und Vermieter oder auch unter Nachbarn selbst im Haus sind oft überflüssig, wenn beide Seiten ihre Rechte und Pflichten kennen und aufeinander Rücksicht nehmen:

Kinderwagen

Kinderwagen können im Hausflur abgestellt werden. Es sei denn, aufgrund des ungünstigen Zuschnitts des Hausflures können Mitmieter nicht mehr gefahrlos oder problemlos den Flurbereich nutzen.

Das gilt auch, wenn laut Mietvertrag oder Hausordnung das Abstellen des Kinderwagens im Hausflur verboten ist, aber keine reelle Möglichkeit existiert, den Kinderwagen an einer anderen Stelle zu parken, oder der Kinderwagen nicht einfach in der Wohnung abgestellt werden kann, weil kein Aufzug existiert. Ähnlich auch, wenn es um das Abstellen eines Rollstuhls oder eines Rollators geht.

Bellen, Pfeifen ...

Ständiges, ruhestörendes Gebell berechtigt die Mitmieter zur Mietminderung. Tiere müssen so gehalten werden, dass die Nachbarn nicht unzumutbar gestört werden. Gerichte können notfalls ein Bußgeld verhängen, so zum Beispiel, bei stundenlangem schrillen Pfeifen eines Papageis.

Fernseher, Radio

Fernseher, Radio, Stereoanlage usw. dürfen in der Wohnung natürlich benutzt werden. Nachbarn dürfen aber nicht belästigt werden. Ab 22.00 Uhr ist Nachtruhe, das heißt: Zimmerlautstärke.

Hausmusik

Ein völliges Musizierverbot oder eine Spielzeiten- oder Ruhezeitenregelung, die dem praktisch gleich kommt, ist unzulässig. Hausmusik ist im gleichen Rahmen erlaubt, wie auch die Benutzung von Fernseher, Radio oder Stereoanlage erlaubt ist. Bei hohen Geräuschpegeln oder wenn sich die Nachbarn in ihrer Wohnung gestört fühlen, können Spiel- oder Ruhezeiten festgelegt werden. In Betracht kommen zum Beispiel Ruhezeiten von 12.00 bis 14.00 Uhr und von 20.00 bis 8.00 Uhr und „Spielzeiten" von anderthalb bis zwei Stunden am Tag.

Feste/Feiern

Weder einmal im Monat noch einmal im Vierteljahr darf in einem Mehrfamilienhaus „so richtig auf die Pauke gehauen werden". Wer feiert, muss auf die Nachbarn Rücksicht nehmen, insbesondere nach 22.00 Uhr. Störungen der Nachtruhe muss der Nachbar nicht akzeptieren. Den Feiernden drohen nicht nur mietrechtliche Konsequenzen, zum Beispiel eine Abmahnung, sondern unter Umständen auch ein Bußgeld. Nachbarn, die sich durch „Dauerpartys" in der Nachbarschaft gestört fühlen, können unter Umständen die Miete kürzen.

Grillen

Im Garten, auf der Terrasse oder auch auf dem Balkon darf im Sommer gegrillt werden. Allerdings verbietet das Immissionsschutzgesetz das Grillen im Freien, wenn Qualm konzentriert in die Wohnungen und Schlafräume von Nachbarn zieht. Dann droht sogar ein Bußgeld. Deshalb sollte, wenn möglich, mit einigem Abstand zum Nachbarhaus oder zur Nachbarwohnung gegrillt und die Windrichtung beachtet werden. Mit einem Elektrogrill und Alufolie kann die Qualmentwicklung weitgehend verhindert werden. **Aber:** Egal, ob Holzkohle- oder Elektrogrill, im Mietvertrag kann das Grillen auf dem Balkon grundsätzlich verboten werden.

Balkon

Balkone oder Terrassen können Mieter grundsätzlich nutzen, wie sie wollen. Mieter dürfen also Stühle, Bänke, Tische, Sonnenschirme usw. auf ihrem Balkon oder ihrer Terrasse aufstellen. Freunde, Nachbarn und Verwandte dürfen eingeladen werden. Hier kann gegessen, getrunken und gefeiert werden. Im Interesse der Nachbarschaft ist aber von den Feiernden Rücksicht zu nehmen, und insbesondere ab 22.00 Uhr muss es ruhig sein.

Blumen

Auf dem Balkon dürfen Blumenkübel aufgestellt werden, genauso wie Blumenkästen oder Blumentöpfe. Voraussetzung ist, dass die Blumenkästen ordnungsgemäß befestigt sind, so dass sie auch bei starkem Wind nicht herabstürzen und Passanten oder Nachbarn gefährden können.

Fahrräder

Grundsätzlich kann der Mieter sein Fahrrad in seinem Keller oder auch in seiner Wohnung abstellen. Entgegenstehende Regelungen, zum Beispiel in der Hausordnung, sind unwirksam. Fehlt ein Fahrradkeller im Haus, darf das Fahrrad nicht ohne weiteres im Hausflur oder im Kellereingangsbereich abgestellt werden. Das ist allenfalls für kurze Zeit möglich und die Mitbewohner im Haus hierdurch nicht gestört oder belästigt werden.

Besuch

Besuchsverbote sind sittenwidrig und damit nichtig, egal, ob sie im Mietvertrag stehen oder ob der Vermieter dem Besuch eines Mieters persönlich den Zutritt zur Wohnung untersagt. Ausnahmen kann es allenfalls für Personen geben, die in der Vergangenheit im Haus randaliert oder andere Hausbewohner gestört und belästigt haben.

Untervermietung

Eine Untervermietung ist zulässig, wenn der Vermieter zustimmt. Soll die ganze Wohnung untervermietet werden, kann der Vermieter frei entscheiden, ob er die Untervermietung erlaubt oder nicht. Will der Mieter nur einen Teil der Wohnung untervermieten, zum Beispiel einzelne Zimmer, hat er Anspruch auf die Vermietererlaubnis, wenn er ein berechtigtes Interesse an der Untervermietung nachweisen kann. Gemeint sind einleuchtende persönliche oder wirtschaftliche Gründe. Wenn der Mieter die teure Miete alleine nicht mehr aufbringen kann oder wenn er sich nach dem Auszug seiner Kinder allein und unsicher in der großen Wohnung fühlt. Ein berechtigtes Interesse liegt auch vor, wenn der Mieter eine Zeit lang ins Ausland ziehen muss, er aber die bisherige Wohnung nicht aufgeben will. Will er den Großteil der Wohnung untervermieten und behält er nur ein Zimmer für sich, um hier persönliche Gegenstände unterzustellen, muss der Vermieter der geplanten Untervermietung zustimmen. Weigert sich der Vermieter, macht er sich unter Umständen schadensersatzpflichtig.

Untermietzuschlag

Eine Mieterhöhung in Form eines Untermietzuschlags kann der Vermieter nur fordern, wenn für ihn die Untervermietung ohne Mieterhöhung unzumutbar wäre, beispielsweise dann, wenn durch die (teilweise) Überlassung der Wohnung an Dritte die Mietsache in erhöhtem Maße abgenutzt würde oder höhere Betriebskosten anfielen. 25 Euro pro Monat und Untermieter bei einer Vierzimmerwohnung dürften angemessen sein, immer vorausgesetzt, dass dem Vermieter seine Zustimmung zur Untervermietung sonst unzumutbar wäre und er dies beweisen kann. Die Höhe der vom Mieter erzielten Untermiete spielt keine Rolle.

Ferienwohnung

Eine Mietwohnung darf nicht ohne weiteres als Ferienwohnung vermietet, das heißt zweckentfremdet, werden. Das gilt für den Eigentümer und Vermieter genauso wie für den Mieter. Selbst wenn der Mieter die Erlaubnis zur Untervermietung der Wohnung hat, bedeutet das nicht, dass er die Wohnung als Ferienwohnung über einschlägige Portale anbieten und vermieten darf.

Partner-Nachzug

Wer heiratet, kann seinen Ehepartner immer nachziehen lassen. Dieser Fall hat mit Untervermietung nichts zu tun. Aber auch wenn der Mieter seinen Lebensgefährten oder seine Lebensgefährtin in die Wohnung aufnehmen will, ist das ein einleuchtender Grund, und der Vermieter muss zustimmen. Natürlich darf der Mieter auch seine Eltern in der Wohnung aufnehmen.

Treppe putzen

Lässt der Vermieter das Treppenhaus regelmäßig putzen, kann er vertraglich vereinbaren, dass die Mieter die Kosten als Betriebskosten zu zahlen haben. Putzt der Hausmeister, sind die Kosten mit den Hausmeisterkosten nach der Betriebskostenabrechnung in der Regel abgegolten.

Der Vermieter kann auch per Mietvertrag festlegen, dass die Mieter abwechselnd die Treppe selbst putzen. Im Urlaub oder bei Krankheit muss der Mieter, der turnusmäßig verpflichtet wäre zu putzen, für eine Vertretung sorgen oder mit dem Nachbarn tauschen.

Fußmatte

Mieter dürfen Fußmatten vor ihrer Tür auslegen. Dagegen kann nicht eingewandt werden, Fußmatten seien überflüssig, gefährdeten die anderen Treppenhausbenutzer oder behinderten die Putzfrau bei der Reinigung. Hier dürfen bei schlechter Witterung auch die Schuhe abgestellt werden.

Rauchen

Mieter dürfen in der Wohnung rauchen. Weder Gesetze noch Gerichtsurteile stehen dem entgegen. Auch ein Rauchverbot in einem typischen Formularmietvertrag ist unwirksam. Selbst starkes Rauchen in der Wohnung kann nicht verboten werden und ist erst recht kein Kündigungsgrund. Allerdings muss der rauchende Mieter seine Wohnung auch regelmäßig lüften.

Grundsätzlich darf auch auf dem Balkon geraucht werden. Hier hat aber der Bundesgerichtshof entschieden, dass Nachbarn, wenn sie durch den unten wohnenden Raucher wesentlich beeinträchtigt werden, „rauchfreie Zeiten" einfordern können. Es muss dann eine Regelung nach Zeitabschnitten gefunden werden. Das bedeutet, für den Nichtraucher müssen Zeiten festgelegt werden, in denen er seinen Balkon unbeeinträchtigt nutzen kann. Im Gegenzug muss es für den rauchenden Nachbarn Zeiten geben, in denen er auf dem Balkon rauchen darf.

Baden/Duschen

Mieter dürfen in den eigenen vier Wänden so oft duschen und baden, wie sie wollen. Mietvertragsklauseln oder Regelungen in der Hausordnung die Baden und Duschen nach 22 Uhr verbieten, sind unzulässig. Nach Ansicht des Oberlandesgerichts Düsseldorf muss der nächtliche Duschvorgang aber auf maximal 30 Minuten beschränkt werden.

Toilette

Die Toilette und damit die Wasserspülung darf rund um die Uhr benutzt werden. Nachbarn oder Vermieter dürfen – insbesondere Männern – auch keine Vorschriften hinsichtlich der Benutzung der Toilette machen.

Einrichten und Möblieren

Der Mieter kann sich in seiner Wohnung einrichten und sie möblieren, wie er will. Der Vermieter muss weder um Erlaubnis gefragt werden, noch muss sich der Mieter an den Wohnvorstellungen des Vermieters orientieren. So darf der Mieter zum Beispiel Gardinen nach seinem Geschmack aufhängen, er kann aber auch ganz auf die Gardinen verzichten.

Bohren/Dübeln

In der Wohnung darf in normalem Umfang gebohrt und gedübelt werden. „Vertragsgemäßer Gebrauch" bedeutet zum Beispiel, dass der Mieter im Badezimmer Halter für Spiegel, Spiegelkonsole und Spiegellampen, Handtücher, Zahnputzgläser, Seifenschale, Klopapierrolle, Klobürste sowie Duschstange und Haltegriff an der Badewanne anbringen darf.

Wäsche trocknen

Kleinwäsche darf in der Mietwohnung aufgehängt und getrocknet werden. Für größere Wäschestücke muss – soweit vorhanden – der Speicher oder Trockenkeller genutzt werden. Ansonsten dürfen auch die in der Wohnung getrocknet werden. Mieter sollten dann öfter lüften (Durchzug), um Feuchtigkeitsschäden zu verhindern.

Tierhaltung

Kleintiere, wie zum Beispiel Meerschweinchen, Wellensittiche oder Zierfische, darf der Mieter immer in seiner Wohnung halten, egal, was im Mietvertrag steht. Anders beispielsweise bei Hunden. Der Vermieter kann beim Abschluss des Mietvertrages die Hunde- oder Katzenhaltung von seiner Zustimmung abhängig machen. Dann muss der Vermieter in jedem Einzelfall abwägen und entscheiden, ob er die Hunde- oder Katzenhaltung erlaubt oder nicht. Ein generelles Verbot im Mietvertrag, Hunde oder Katzen zu halten, ist unwirksam.

Wohnungsschlüssel

Mieter haben Anspruch auf Schlüssel für Haus- und Wohnungstür, Briefkasten, Garage, Keller und Speicher. Mieter können so viele Schlüssel verlangen, wie sie tatsächlich benötigen, zum Beispiel auch für ältere Kinder, den Lebensgefährten, einen Untermieter oder die Kinderfrau. Der Vermieter darf keinen Zweitschlüssel zur Wohnung besitzen, es sei denn, der Mieter hat dies erlaubt. Für Notfälle ist es ratsam, einen Zweitschlüssel beim Nachbarn zu hinterlegen und den Vermieter entsprechend zu informieren.

Tür- und Wohnungsschilder

Der Mieter darf am Hauseingang und an der Wohnungstür ein Namensschild anbringen. Zieht er aus, sind die von ihm angebrachten Schilder wieder zu entfernen. Der Vermieter kann einheitliche Schilder vorschreiben.

Briefkasten

Mieter haben Anspruch auf einen eigenen Briefkasten. Die Zustellung von Zeitschriften oder DIN-A4-Umschlägen darf keine Probleme verursachen.

Wohnungsbesichtigung

Nur wenn im Mietvertrag ausdrücklich vereinbart ist, dass der Vermieter die Mieterwohnung besichtigen darf, muss der Mieter den Vermieter in die Wohnung lassen. Zu den üblichen Tageszeiten, nach vorheriger Anmeldung und unter Berücksichtigung eventueller Mieterinteressen.

Winterdienst bei Eis und Schnee

Grundstückseigentümer oder Vermieter sind in der Regel zur Schnee- und Eisbeseitigung auf den Bürgersteigen vor dem Haus verpflichtet. Mieter müssen nur dann Schnee räumen, wenn dies im Mietvertrag ausdrücklich vereinbart wurde. Eine Regelung in der Hausordnung reicht nicht aus. Es gibt auch kein Gewohnheitsrecht, demzufolge die Bewohner im Erdgeschoss zur Schneebeseitigung verpflichtet sind. Der Vermieter kann die Arbeiten durch einen Hausmeister erledigen lassen oder einen gewerblichen Räumdienst beauftragen. Die anfallenden Kosten können als Betriebskosten auf die Mieter umgelegt werden, wenn dies im Mietvertrag geregelt wurde. Auch wenn der Vermieter seine Pflichten auf den Mieter abwälzt, muss er kontrollieren, ob ordnungsgemäß gefegt und gestreut wurde. Er haftet unter Umständen im Schadensfall.

Winterdienst muss werktags in der Regel von 7 bis 20 Uhr geleistet werden, an Sonn- und Feiertagen ab 8 bzw. 9 Uhr. Gefegt und gestreut werden müssen der Bürgersteig, der Hauseingang sowie die Wege zu Mülltonnen und Garagen. Bei Glatteisbildung besteht sofortige Streupflicht. Auftaubeschleuniger wie Salz oder Harnstoff sind in vielen Städten verboten, empfohlen werden Sand oder Granulat. Je nach Witterungsverhältnis muss im Laufe des Tages auch mehrmals gefegt und gestreut werden.

Garten

Bei einem Einfamilienhaus ist der Garten grundsätzlich mitvermietet, so dass der Mieter ihn auch nutzen kann – es sei denn, im Mietvertrag ist ausdrücklich etwas anderes vereinbart. Bei Mehrfamilienhäusern können die Mieter den Garten nur nutzen, wenn der Garten ausdrücklich mitvermietet ist. Es gibt kein Gewohnheitsrecht, wonach der Mieter einer Erdgeschosswohnung ohne weiteres auch den Hausgarten nutzen darf. Sind alle Mieter zur Nutzung des Gartens berechtigt, müssen sie sich hinsichtlich der konkreten Nutzung absprechen bzw. der Vermieter muss entsprechend Vorgaben machen. Hinsichtlich der Gartenpflege kann im Mietvertrag vereinbart werden, dass die Mieter verantwortlich sind. Im Regelfall ist der Vermieter aber für die Pflege der Grünflächen und Außenanlagen rund um das Haus verantwortlich. Die Gartenpflegekosten können bei entsprechender Vertragsvereinbarung als Betriebskosten auf die Mieter umgelegt werden.

6. Kapitel. Mängel, Reparatur, Mietminderung

Wohnungsmängel sind nach Betriebskosten das zweithäufigste Beratungsthema der mehr als 300 örtlichen Mietervereine in Deutschland. Jede fünfte Rechtsberatung dreht sich um dieses Thema.

Fachleute schätzen, dass in Millionen Wohnungen mehr oder weniger schwerwiegende Mängel auftreten. Allein zwei Millionen Wohnungen in Deutschland sollen Feuchtigkeitsschäden haben oder von Schimmel befallen sein. Nach den Erfahrungen von Mieterbund und Mietervereinen sind die zehn häufigsten Wohnungsmängel:

- Feuchtigkeitsschäden und Schimmelpilz;
- Lärm aus Nachbarwohnungen, zum Beispiel Musik, Feiern, Fernseher;
- Wohnung über zehn Prozent kleiner, als im Mietvertrag beschrieben;
- Heizungs- und/oder Warmwasserausfall;
- Lärm infolge von Bauarbeiten im und am Haus oder in der näheren Umgebung;
- Einrüstung des Hauses, Plastikfolien vor den Fenstern, Unbenutzbarkeit des Balkons;
- Undichte, morsche Fenster;
- Defekte an mitgemieteten Einrichtungsgegenständen, wie Einbauküche, Herd, Spülmaschine, Jalousien, Rollläden, Badewanne, Dusche usw.;
- Aufzug, Türklingel oder Gegensprechanlage funktionieren nicht;
- Zu niedrige Temperaturen bei der Heizung (unter 20 Grad Celsius) oder beim Wasser (unter 40 Grad Celsius).

Trotz zum Teil gravierender Wohnungsmängel unternehmen unzählige Mieter nichts, obwohl sie eine Reihe von Rechten haben:

Mietminderung

Treten während der Mietzeit Mängel auf, die den Wohnwert oder die Tauglichkeit der Wohnung beeinträchtigen, kann der Mieter die Miete kürzen. Ist die 100-prozentige Nutzung der Wohnung nicht möglich, muss er auch nicht 100 Prozent Miete zahlen. Der Umfang der Mietminderung hängt vom Ausmaß der Wohnwertbeeinträchtigung ab. Dabei spielt es keine Rolle, wie es zu dem Wohnungsmangel gekommen ist, ob der Vermieter überhaupt in der Lage ist, den Mangel zu beseitigen, oder ob er für den Mangel verantwortlich ist. Bei einem plötzlichen Heizungsausfall kann der Vermieter weder mit „höherer Gewalt" argumentieren noch erklären, „das kann immer einmal passieren".

Eine Mietminderung ist nur in folgenden Fällen ausgeschlossen:

- **Eigenes Verschulden**
  Hat der Mieter den Mangel selbst verursacht oder verschuldet, scheidet eine Mietminderung aus. Beispiel: Wenn der zwölfjährige Sohn des Mieters mit dem Fußball eine Fensterscheibe kaputt schießt, kann der Vater nicht die Miete kürzen mit der Begründung „mangelhafte Fenster".
- **Unerhebliche Mängel**
  Nicht jeder kleinste Mangel berechtigt den Mieter, die Miete zu kürzen. Das ist erst bei spürbaren Beeinträchtigungen zulässig. Bei unerheblichen Mängeln, wie zum Beispiel bei einer defekten Glühbirne im Hausflur, Haarrissen in der Zimmerdecke usw., kann der Mieter zwar Abhilfe von seinem Vermieter fordern, das heißt Instandsetzung oder Reparatur, aber er kann nicht die Miete mindern.
- **Anfängliche Mängel**
  Wohnungsmängel, die schon bei Vertragsabschluss vorlagen und die der Mieter ohne größere Probleme hätte erkennen können, rechtfertigen ebenfalls keine Mietminderung. Hier wird davon ausgegangen, dass derartige Mängel schon bei der Festsetzung des Mietpreises berücksichtigt worden sind.

  Wer beispielsweise eine Wohnung direkt an einer vierspurigen Schnellstraße anmietet, kann nicht einige Monate später wegen Straßenlärm die Miete kürzen. Wer die Wohnung direkt über einer Diskothek anmietet, kann sich nicht über zu laute Musik und zu späte Gäste beschweren, es sei denn, die Diskothek hat erst während der Mietzeit die Räumlichkeiten bezogen oder in den Gewerberäumen war bei Vertragsabschluss ein „ruhiges" Café mit Öffnungszeiten bis 18.30 Uhr.
- **Energetische Modernisierung**
  Dient die Baumaßnahme des Vermieters einer energetischen Modernisierung, wird zum Beispiel wegen einer Fassadendämmung das Haus eingerüstet, kommt es zu Lärm und Dreck, ist das Recht zur Mietminderung für drei Monate ausgeschlossen.
- **Umweltmängel**
  Lärmeinwirkungen auf die Mietsache von außen, beispielsweise wegen eines nach Abschluss des Mietvertrages in der direkten Nachbarschaft

angelegten Bolzplatzes, rechtfertigen nur ausnahmsweise eine Mietminderung, und zwar wenn zum Beispiel beim Abschluss des Mietvertrages eine so genannte Beschaffenheitsvereinbarung getroffen wurde (kein zusätzlicher Lärm) oder wenn der Vermieter gegen die Lärmstörungen vorgehen bzw. Ausgleichsansprüche geltend machen kann.

Voraussetzungen für die Mietminderung

- **Anzeigepflicht**
  Tritt ein Mangel oder Fehler der Mietsache auf, muss der Vermieter sofort informiert werden, aus Beweisgründen am besten schriftlich. Ihm soll Gelegenheit gegeben werden, die Mängel zu beseitigen und – soweit möglich – den Schaden zu begrenzen.

  Fehler bei der Mängelanzeige können dazu führen, dass der Mieter sein Mietminderungsrecht verliert, genauso wie Schadensersatzansprüche oder möglicherweise auch das Recht, fristlos zu kündigen. Letztlich riskiert der Mieter sogar, dass er seinem Vermieter Schadensersatz zahlen muss. Dann, wenn sich der Fehler und der mögliche Schaden durch die Untätigkeit vergrößert haben.

- **Höhe der Mietminderung**
  Die Höhe der Mietminderung richtet sich nach dem Grad der Wohnwertbeeinträchtigung. Der Mieter muss die angemessene Minderungshöhe selbst schätzen. Beispiele aus der Rechtsprechung:

  1 Prozent: Defekter Briefkasten (AG Mainz – 8 C 98/96).

  3 Prozent: Unzumutbar aufgeraute Badewanne (LG Stuttgart – 13 S 347/86).

  5 Prozent: Schlechter Fernsehempfang (LG München I – 20 S 22475/87c) oder defekte Gegensprechanlage (LG Berlin – 67 S 364/91).

  10 Prozent: Überhöhte Bleibelastung im Trinkwasser (AG Hamburg – 44 C 2614/88) oder Mäuse und Kakerlaken in der Wohnung (AG Bonn – 6 C 277/84) oder laute Urinstrahlgeräusche eines Stehpinklers in der Nachbarwohnung (LG Berlin – 67 S 335/08).

  15 Prozent: Einrüstung der Fassade, Plastikfolien an den Fenstern (AG Hamburg – 38 C 483/95) oder Ausfall des Warmwasserboilers (AG München – 232 C 37276/90).

  20 Prozent: Bordelltypische Störungen im Haus (LG Berlin – 61 S 518/98) oder Schimmelpilzbefall in den meisten Zimmern (LG Osnabrück – 11 S 277/88).

  25 Prozent: Heizungsdefekt, 15 Grad Celsius im Winter (LG München I – 20 S 3739/84) oder erheblicher Baulärm in der Nachbarschaft (LG Darmstadt – 17 S 284/82).

  30 Prozent: Wohnzimmer nicht nutzbar, Einsturzgefahr wegen Wasserschadens (AG Bochum – 5 C 668/78).

  50 Prozent: Erhebliche Feuchtigkeitsschäden und Nässe, Tropfwasser an der Decke und Durchfeuchtung des Teppichbodens (AG Leverkusen – 23 C 471/76) oder Küche und Toilette unbenutzbar (LG Berlin – 61 S 359/81) oder mittelstarker Befall mit Kugelkäfern und Schimmel im Kinderzimmer (AG Trier – 8 C 53/08).

  100 Prozent: Unbewohnbarkeit der Wohnung wegen Hochwasser (AG Friedberg – C 1326/94-11) oder nach einem Brand (LG Frankfurt/Main – 2-11 S 147/95) oder vollständiger Ausfall der Elektrik, der Warmwasseranlage, keine Kochmöglichkeiten und kein Licht (AG Neukölln – 15 C 23/87).

Ausgangspunkt für die Mietminderung ist die so genannte Bruttomiete, das heißt die Grundmiete zuzüglich der Vorauszahlungsbeträge für die Betriebskosten, inklusive der Heizkosten.

Gemindert werden darf die Miete nur für den Zeitraum, in dem der Mangel tatsächlich vorliegt. Für diese Zeit ist der Mieter zur Zahlung einer herabgesetzten Miete berechtigt. Ist die Wohnung im Januar vollständig unbewohnbar, kann die Miete wegen dieses Mangels um 100 Prozent gekürzt werden. Hat der Vermieter am 15. Januar alle Schäden behoben und kann die Wohnung wieder „normal" genutzt werden, darf der Mieter für die ersten 15 Tage des Monats Januar die Miete zeitanteilig kürzen, er muss nur 50 Prozent der Januarmiete zahlen.

WICHTIG

WICHTIG Da die Januarmiete normalerweise bereits Anfang des Monats gezahlt ist – so steht es praktisch in fast allen Mietverträgen und so bestimmt es auch das Gesetz – muss die eigentliche Mietminderung im Februar vollzogen werden. Obwohl die Wohnung im Januar nur 50 Prozent wert war, hat der Mieter 100 Prozent Miete gezahlt. Die „Überzahlung" holt er sich im Februar wieder, indem er aufrechnet. Aber Vorsicht: Es gibt Mietvertragsklauseln, nach denen der Mieter eine Aufrechnung einen Monat vorher anzeigen muss. Dann könnte die Miete erst im März tatsächlich gekürzt werden.

Streiten sich Mieter und Vermieter über die Frage, ob der Mieter zu Recht die Miete mindert oder nicht, muss der Mieter nachweisen, dass Wohnungsmängel vorliegen und dass er die Mängel rechtzeitig angezeigt hat. Sache des Vermieters ist es, nachzuweisen, dass der Mieter den Mangel zu vertreten hat, dass der Mangel nur eine unerhebliche Beeinträchtigung der Mietsache ist oder dass der Mieter den Mangel von Anfang an kannte.

Reparaturanspruch

Der Vermieter muss die angezeigten Mängel innerhalb angemessener Frist beseitigen. Als Faustregel gilt: Je schwerer der Mangel oder je leichter die Fehlerbehebung, desto kürzer die Frist. Anders als bei der Mietminderung spielt es aber keine Rolle, ob der Mangel eine erhebliche Beeinträchtigung ist oder nicht. Der Mieter hat immer einen Reparaturanspruch.

Weigert sich der Vermieter, den Mangel zu beheben, oder rührt er sich gar nicht, kann der Mieter auf Mängelbeseitigung, das heißt auf Herstellung des ordnungsgemäßen Zustandes, klagen.

WICHTIG

WICHTIG Der Mieter hat Anspruch darauf, dass der Mangel endgültig abgestellt wird. Er muss sich nicht mit untauglichen Sanierungsarbeiten oder „Flickschustereien“ zufrieden geben.

Kleinreparaturen

Treten während der Mietzeit in der Wohnung Mängel oder Schäden auf, ist der Vermieter zur Reparatur verpflichtet. Für Bagatellschäden kann es eine Ausnahme geben. Im Mietvertrag kann wirksam vereinbart werden, dass der Mieter die Kosten für Kleinreparaturen oder zur Beseitigung von Bagatellschäden selbst übernehmen muss. Ein typischer Fall ist der tropfende Wasserhahn. Doch viele Kleinreparaturklauseln sind unwirksam. Dann muss ein Mieter auch nicht zahlen.

Wirksam ist eine Kleinreparaturklausel nur unter folgenden Voraussetzungen:

1. Im Mietvertrag muss eine Obergrenze für die einzelne Kleinreparatur genannt sein. Es muss sich tatsächlich um eine Kleinigkeit, eine Bagatelle, handeln, die zu reparieren ist. Vor rund 30 Jahren entschied der Bundesgerichtshof, eine Kleinreparatur dürfe höchstens 150 Mark kosten, das wären etwa 75 Euro. Heute ziehen viele Gerichte die Grenze bei 100 Euro bzw. 110 Euro oder sogar bei 120 Euro. Eine höhere Obergrenze ist unwirksam, Mieter werden hierdurch unangemessen benachteiligt.

WICHTIG

WICHTIG Stehen in einem alten Mietvertrag noch Obergrenzen von 150 Mark oder 75 Euro, gelten diese Grenzen. Es gibt keinen automatischen Inflationsausgleich.

2. Im Mietvertrag muss noch eine zweite Obergrenze für die Kosten aller Kleinreparaturen innerhalb eines Jahres stehen. Mieter sollen nicht überfordert werden, wenn sich die Kleinreparaturen im Haus häufen. Die frühere, rund 30 Jahre alte Rechtsprechung zog die Grenze bei 300 bis 400 Mark oder 6 bis 8 Prozent der Jahresmiete. Heute dürften 200 bis 300 Euro oder 6 Prozent der Jahresmiete noch akzeptabel sein. Teilweise ziehen Gerichte die Grenze sogar bei 8 Prozent oder 500 Euro im Jahr.
3. Die Kleinreparatur selbst muss sich auf solche Teile der Mietsache beziehen, die dem direkten und häufigen Zugriff des Mieters und deshalb einer schnelleren Abnutzung unterliegen. Hierzu gehören Installationsgegenstände für Elektrizität, Gas und Wasser, Heiz- und Kocheinrichtungen, Fenster- und Türverschlüsse sowie Verschlussvorrichtungen von Fensterläden. Dazu können auch Rollläden, Markisen oder Jalousien zählen. Dagegen fallen nicht hierunter: Wartungsarbeiten an einem Durchlauferhitzer, Reparaturen an der Heiztherme oder an Leitungen für Gas, Wasser oder Strom, Schäden an Spiegeln, Verglasungen oder Beleuchtungskörpern, die Erneuerung von Silikonfugen, neue Kunststoffdichtungen von Abflussrohren oder das Füllventil des WC-Spülkastens, die Reparatur oder der Austausch eines Kaltwasserabsperrhahns oder die Entlüftung einer Fußbodenheizung.

WICHTIG

WICHTIG Die Kleinreparaturklausel darf den Mieter nur verpflichten, die Kosten zu zahlen. Für die Reparatur selbst bleibt es dabei: Der Vermieter ist zuständig, er muss die Reparatur in Auftrag geben. Geht das aus der Vertragsklausel nicht eindeutig hervor oder bestimmt die Klausel, dass der Mieter die Schäden selbst beseitigen muss, ist die Klausel unwirksam.

Der Mieter kann auch nicht verpflichtet werden, sich an allen Reparaturen im Haus und in der Wohnung oder an Neuanschaffungen anteilig mit einem Sockelbetrag, zum Beispiel 100 Euro, zu beteiligen. Alle Reparaturen, die über der im Mietvertrag wirksamen gesetzten Obergrenze liegen, sind keine Bagatellen. Wird der Gesamtbetrag (inkl. Mehrwertsteuer) für die Reparatur überschritten, dürfen die Kosten nicht mehr auf den Mieter abgewälzt werden, auch nicht anteilig.

Selbstbeseitigungsrecht

Befindet sich der Vermieter mit der Beseitigung eines Wohnungsmangels in Verzug, dann hat der Mieter das Recht, den Mangel selbst zu beseitigen oder selbst beseitigen zu lassen. Verzug bedeutet, dass der Vermieter über die Mängel informiert ist und trotz einer Mahnung, die Mängel endlich zu beheben, nichts unternommen hat. In diesen Fällen kann der Mieter zwar gerichtliche Hilfe in Anspruch nehmen, auf Reparatur klagen, doch bis zur Entscheidung vergeht zu viel Zeit. Selbstbeseitigungsrecht bedeutet, der Mieter kann in diesen Fällen die Reparatur selbst in die Hände nehmen und von sich aus die Handwerker bestellen.

In aller Regel wird der Mieter dann die Reparaturkosten vorstrecken müssen. Der Vermieter kann zwar auf Zahlung eines Kostenvorschusses verklagt werden, doch auch dann verliert der Mieter wieder viel Zeit. Hat der Mieter die Reparaturkosten selbst bezahlt, muss der Vermieter diese Kosten einschließlich Zinsen ersetzen. Der Mieter kann die Kosten auch mit der nächsten oder übernächsten Mietzahlung verrechnen.

Der Mieter muss sich aber eines Risikos bewusst sein. Ersatz kann er nur für die tatsächlich erforderlichen Aufwendungen verlangen. Das sind die Kosten, die nach Auffassung von Fachleuten notwendig sind, den Mangel zu beseitigen. Kann beispielsweise ein undichtes Fenster abgedichtet werden, darf der Mieter nicht auf Kosten des Vermieters ein neues Fenster einbauen lassen.

Notreparaturen

In Notfällen, wenn zum Beispiel im Winter die Heizung ausfällt oder der Heizkörper undicht ist, muss sofort gehandelt werden. Das übliche Verfahren der Mängelanzeige würde dann viel zu lange dauern. Ist ein Anruf beim Vermieter, dem Hausmeister oder der Hausverwaltung erfolglos, weil die in der Notsituation nicht erreichbar sind, kann der Mieter die Reparatur sofort selber in Auftrag geben. Der Vermieter muss auch hier alle Kosten ersetzen, aber nur die notwendigen Kosten. Kann der undichte Heizkörper repariert werden, muss der Vermieter nicht den Austausch des Heizkörpers bezahlen.

Zurückbehaltungsrecht

Hat der Mieter den Vermieter ergebnislos aufgefordert, den Mangel zu beseitigen, kann er als Druckmittel einen Teil der Miete zurückbehalten. Das Zurückbehaltungsrecht kann genauso wie der Reparaturanspruch unabhängig davon geltend gemacht werden, ob der Mieter ein Recht auf Mietminderung hat. Auf der anderen Seite kann aber auch neben einer Mietminderung zusätzlich noch ein Teil der Miete zurückbehalten werden.

Allerdings hat der Bundesgerichtshof das Zurückbehaltungsrecht stark eingeschränkt. Weder dürfe es in Höhe des drei- bis fünffachen Minderungsbetrages zeitlich unbefristet noch bis zur Höhe der voraussichtlichen Mängelbeseitigungskosten ausgeübt werden. Das Zurückbehaltungsrecht sei zeitlich und betragsmäßig zu beschränken. Das bedeutet, der insgesamt zurückbehaltene Betrag muss in einer angemessenen Relation zu der Bedeutung des Mangels stehen. Um angesichts dieser etwas nebulösen Rechtsprechung keinen Fehler zu machen, sollte im Zweifel der örtliche Mieterverein um Rat gefragt werden.

WICHTIG

WICHTIG Das Zurückbehaltungsrecht gilt ausschließlich als Druckmittel. Die zurückbehaltenen Mieten müssen sofort nachgezahlt werden, wenn der Vermieter den Mangel abgestellt hat. Das ist der grundlegende Unterschied zu einer Mietminderung. Der geminderte Betrag muss nicht zurückgezahlt werden, auch dann nicht, wenn der Vermieter den Mangel abgestellt hat.

Schadensersatz

Entsteht dem Mieter durch die aufgetretenen Fehler oder Mängel ein Schaden, hat er Anspruch auf Schadensersatz. Voraussetzung ist in der Regel, dass den Vermieter ein Verschulden trifft. Ist der Vermieter zum Beispiel nach der Mängelanzeige nicht aktiv geworden, um die Feuchtigkeitsschäden in der Wohnung abzustellen, und führt die Feuchtigkeit in der Wohnung zu Verfärbungen und Ablösungen der Tapete, sind die notwendigen Malerarbeiten vom Vermieter als Schaden zu ersetzen.

Anders bei Wohnungsmängeln, die schon bei Vertragsabschluss vorlagen und die der Mieter nicht erkennen konnte. Hier ist ein Verschulden des Vermieters nicht Voraussetzung für einen Schadensersatzanspruch.

Kündigungsrecht

Im Extremfall berechtigen schwerste Wohnungsmängel den Mieter auch zur fristlosen Kündigung.

Zum Beispiel dann, wenn von der Wohnung Gesundheitsgefährdungen ausgehen. Bei völliger Durchfeuchtung der Wohnung, bei hoher Schadstoffkonzentration oder bei Nichtbeheizbarkeit der Wohnung. Der Mieter kann auch dann fristlos kündigen, wenn Heizungsdefekte immer wieder auftreten.

Lassen Sie sich in diesen Fällen unbedingt von Ihrem Mieterverein beraten.

Auch die fristlose Kündigung des Mieters muss schriftlich erfolgen und begründet werden. In der Begründung müssen die wesentlichen Tatsachen stehen, auf die die Kündigung gestützt wird. Fehlt die Begründung, ist die Kündigung unwirksam. Im Regelfall ist vorher auch eine Abmahnung des Vermieters erforderlich. Die fristlose Kündigung muss nicht „von heute auf morgen" ausgesprochen werden. Der Mieter darf durchaus zu einem späteren Zeitpunkt kündigen, weil er zum Beispiel erst eine neue Wohnung suchen muss. Der Kündigungstermin darf aber nicht offenbleiben. Eine Kündigung „zu dem Tag, an dem ich eine neue Wohnung gefunden habe", ist unwirksam.

TIPPS

- Treten während der Mietzeit Mängel auf, muss der Vermieter so schnell wie möglich informiert werden, am besten schriftlich. Vergrößern sich die Mängel oder Schäden, weil der Vermieter nichts davon wusste und deshalb nichts unternehmen konnte, ist der Mieter unter Umständen zum Schadensersatz verpflichtet.
- Bei völlig unerheblichen Fehlern der Mietsache, einer defekten Glühbirne im Hausflur zum Beispiel, ist zwar eine Mietminderung ausgeschlossen, der Reparaturanspruch des Mieters besteht aber unabhängig hiervon.
- Der Vermieter hat in aller Regel kein Kündigungsrecht, weil der Mieter die Miete mindert. Auch dann nicht, wenn die Mietminderung irrtümlich zu hoch ausfällt. Bevor der geminderte Betrag aber die Summe von mehr als einer Monatsmiete oder gar mehr als zwei Monatsmieten ausmacht, sollte der örtliche Mieterverein um Rat gefragt werden.
- Eine Mietminderung kommt u. U. auch bei Mängeln in Betracht, die der Vermieter nicht zu verantworten hat und auf die er keinen Einfluss nehmen kann (Baustelle im Nachbarhaus).
- Auch wenn der Vermieter eine Modernisierungsmaßnahme ordnungsgemäß angekündigt und der Mieter keine Einwände erhoben hat, ist eine Mietminderung möglich. Eine Ausnahme gibt es für energetische Modernisierungen. Hier ist das Mietminderungsrecht während der ersten drei Monate der entsprechenden Baumaßnahme ausgeschlossen.
- Bei Feuchtigkeitsschäden helfen Farben und Chemikalien, die den Schimmelpilz abtöten, wenig. An der Ursache des Übels ändert sich hierdurch nichts. Deshalb kann der Mieter das Überstreichen der Feuchtigkeitsschäden durch eine Malerfirma als untaugliche Sanierung zurückweisen.
- Treten im ersten Winter nach dem Einzug Feuchtigkeitsschäden mit Schimmelpilzbildung auf, sollte man sich beim Vormieter erkundigen, ob bereits früher solche Probleme vorhanden waren. Das spricht für Baumängel und Vorschäden.

7. Kapitel. Schönheitsreparaturen

Unter Schönheitsreparaturen oder Renovierungsarbeiten fällt alles, was sich beim normalen Wohnen im Laufe der Zeit abnutzt und mit Farbe und Tapete erneuern lässt, also Tapezierung und/oder Anstreichen von Wänden und Decken, Streichen der Türen innerhalb der Wohnung, der Fenster – nur von innen – und der Heizkörper und Heizungsrohre. Dazu gehört dann auch das Ausbessern von Löchern, die durch Dübel, Schrauben oder Nägel entstanden sind.

Dagegen sind das Abschleifen, Grundieren und Lasieren einer Wand- und Deckenvertäfelung keine Schönheitsreparaturen. Auch das Abschleifen oder Versiegeln von Parkettfußböden oder das Auswechseln von Teppichböden, die der Vermieter verlegt hat, gehören nicht zu den Schönheitsreparaturen. Malerarbeiten im Hausflur oder Treppenhaus, im Keller oder auf dem Dachboden fallen nicht unter den Begriff der Schönheitsreparaturen, erst recht nicht sonstige Reparaturen in der Wohnung oder im Haus bzw. Modernisierungsarbeiten oder Sanierungen.

Aber auch die typischen Malerarbeiten in der Wohnung selbst können leicht ein paar tausend Euro kosten. Dass der Mieter derartige Arbeiten übernimmt oder hierfür zahlt, ist alles andere als selbstverständlich.

Das Gesetz

Nach dem Bürgerlichen Gesetzbuch muss der Vermieter dem Mieter die Wohnung in einem zum vertragsgemäßen Gebrauch geeigneten Zustand überlassen und während der Mietzeit in diesem Zustand erhalten. Veränderungen oder Verschlechterungen, die durch den vertragsgemäßen Gebrauch herbeigeführt werden, hat der Mieter nicht zu vertreten.

Das heißt im Klartext: Der Mieter hat eigentlich mit Schönheitsreparaturen nichts zu tun. Sie sind ausschließlich Sache des Vermieters. Der müsste eigentlich sogar in regelmäßigen Abständen die Mieterwohnung renovieren lassen.

Allerdings sind die gesetzlichen Regelungen nicht zwingend. Sie können per Mietvertrag geändert, praktisch sogar auf den Kopf gestellt werden. Deshalb gibt es in nahezu allen Mietverträgen Vertragsklauseln, die bestimmen, dass Mieter verpflichtet sind, in regelmäßigen Abständen die Wohnung zu renovieren. Der Bundesgerichtshof hat aber in den letzten Jahren eine Vielzahl von Vertragsklauseln in Mietverträgen für unwirksam erklärt. Konsequenz ist, der Mieter muss nicht renovieren und auch nicht bezahlen. Die unwirksame Schönheitsreparaturklausel wird durch die gesetzliche Regelung ersetzt.

Der Mietvertrag

Ist im Mietvertrag nicht ausdrücklich das Thema Renovierungen oder Schönheitsreparaturen geregelt, muss der Mieter nicht renovieren. Das Gleiche gilt, wenn laut Mietvertrag die Wohnung beim Auszug „besenrein", „bezugsfertig", „vertragsgemäß" oder „im ursprünglichen Zustand" zurückgegeben werden soll. Auch wenn Mieter in eine unrenovierte Wohnung gezogen sind, können die Renovierungsverpflichtungen nicht per Mietvertrag auf sie abgewälzt werden (BGH – VIII ZR 185/14). Eine entsprechende Vertragsklausel ist unwirksam. Sie würde den Mieter zur Beseitigung sämtlicher Gebrauchsspuren des Vormieters verpflichten, was dazu führen kann, dass ein Mieter bei einer kurzen Mietzeit die Wohnung ggf. in einem besseren Zustand zurückgeben müsste, als er sie selbst vom Vermieter erhalten hat.

Unwirksam sind nach der Rechtsprechung des Bundesgerichtshofs Vertragsklauseln, soweit sie zu den folgenden fünf Fallgruppen gehören:

Endrenovierungsklauseln

So genannte Endrenovierungsklauseln oder Klauseln zur Auszugsrenovierung, nach denen der Mieter beim Auszug die Wohnung immer fachmännisch renovieren muss, sind unwirksam (BGH – VIII ZR 308/02; BGH – VIII ZR 316/06). Der Bundesgerichtshof sieht hier eine unangemessene Benachteiligung der Mieter, weil sie nach dem Wortlaut der Klauseln unabhängig von ihrer Wohndauer immer am Ende der Mietzeit renovieren müssten, selbst wenn sie nur sechs oder zwölf Monate in ihrer Wohnung gelebt hätten. Aus den gleichen Gründen hat der Bundesgerichtshof auch die so genannte „Tapetenklausel" für unwirksam erklärt, nach der Mieter unabhängig von ihrer Wohndauer und den zuletzt durchgeführten Schönheitsreparaturen beim Auszug immer alle Tapeten entfernen müssen (BGH – VIII ZR 152/05; BGH – VIII ZR 109/05).

Steht eine unwirksame Endrenovierungs- oder Auszugsrenovierungsklausel im Mietvertrag, muss der Mieter nie renovieren – egal, wie lange er in der Wohnung gelebt hat.

Starre Renovierungsfristen

Wird im Mietvertrag ein verbindlicher und fester Fristenplan vereinbart, handelt es sich hierbei um starre Renovierungsfristen. Beispiel: „Der Mieter hat Schönheitsreparaturen durchzuführen in Küche, Bad und WC alle drei Jahre, in den übrigen Räumen alle fünf Jahre …" Derartige Klauseln sind unwirksam (BGH – VIII ZR 178/05; BGH –VIII ZR 361/03; BGH – VIII ZR 152/05).

Starre Fristen liegen vor, wenn die Fristenregelung nach ihrem Wortlaut keine Alternative zulässt, als nach Ablauf der im Vertrag genannten Zeitabläufe zu renovieren. Enthält der Mietvertrag dagegen Abschwächungen, wie: „Der Mieter hat Schönheitsreparaturen **im Allgemeinen** oder **in der Regel** in Küche, Bad und WC alle drei Jahre … durchzuführen", ist die Fristenregelung wirksam.

Quotenklauseln

Unwirksam sind auch so genannte Quotenklauseln (BGH – VIII ZR 242/13). Über Quotenklauseln sollten Mieter am Ende der Mietzeit anteilige Renovierungskosten zahlen, wenn die üblichen Renovierungsintervalle noch nicht abgelaufen waren. Nach Ansicht des Bundesgerichtshofs stellen derartige Vertragsklauseln eine unangemessene Benachteiligung des Mieters dar. Der auf den Mieter entfallende Kostenanteil kann nicht verlässlich ermittelt werden, und beim Abschluss des Mietvertrages ist nicht klar und verständlich, welche Belastungen ggf. auf den Mieter zukommen.

Farbwahl und Ausführungsart

Unter Farbwahlklauseln versteht man Regelungen, die festlegen, dass die Schönheitsreparaturen in neutralen, deckenden, hellen Farben und Tapeten auszuführen sind. Derartige Vorgaben sind unwirksam (BGH – VIII ZR 224/07; BGH – VIII ZR 166/08), wenn sie sich auf Renovierungsarbeiten während der Mietzeit erstrecken. Während der Mietzeit kann der Mieter sich nach seinem eigenen Geschmack einrichten. Vorgaben hinsichtlich Tapeten und Farben sind unzulässig. Als Konsequenz ist die gesamte Schönheitsreparaturklausel im Mietvertrag unwirksam. Auch Vorgaben zur Ausführungsart sind unwirksam. Steht im Mietvertrag, dass der Mieter nur mit Zustimmung des Vermieters von der bisherigen Ausführungsart abweichen darf, ist diese in der Wohnungswirtschaft weit verbreitete Vertragsregelung unwirksam (BGH – VIII ZR 199/06).

Nimmt man die Klausel wörtlich, müsste der Mieter seinen Vermieter jedes Mal um Erlaubnis fragen, wenn er die Wohnung in einer bestimmten Farbe anstreichen will oder wenn er statt „Blümchentapete" neu mit Raufaser dekorieren will.

! Wer beim Auszug seine Wohnung mit kräftigen Farbanstrichen und bunten Wänden zurückgibt, muss Schadensersatz zahlen. Das gilt auch, wenn der Mieter laut Mietvertrag überhaupt nicht verpflichtet war, Schönheitsreparaturen durchzuführen (BGH – VIII ZR 416/12). Den Vermieteranspruch können Mieter nur abwehren, wenn sie beim Auszug ungewöhnliche Anstriche und Farbgebungen beseitigen und die Wohnung „farblich neutral" zurückgeben.

! Wer bei seinem Auszug Renovierungskosten gezahlt oder renoviert hat, weil er aufgrund der Mietvertragsregelung irrtümlich glaubte, hierzu verpflichtet zu sein, kann von seinem Vermieter Geldersatz fordern. Nach Ansicht des Bundesgerichtshofs (BGH – VIII ZR 195/10; BGH – VIII ZR 302/07) ist der Vermieter in diesen Fällen ungerechtfertigt bereichert. Erstattet werden muss die übliche bzw. angemessene Vergütung für die ausgeführten Renovierungsarbeiten. Hatte der Mieter die Arbeiten selbst ausgeführt und in Eigenleistung renoviert, gehören zu dem Erstattungsanspruch der Ersatz der Freizeit, Materialkosten sowie Kosten für die Helfer aus dem Bekanntenkreis. Der Mieteranspruch verjährt sechs Monate nach Ende des Mietverhältnisses.

Unrenovierte Mietwohnung bei Mietbeginn

Ist die Wohnung beim Einzug des Mieters nicht komplett renoviert, muss der Mieter während des Mietverhältnisses oder nach seinem Auszug keine Renovierungsarbeiten in der Wohnung durchführen. Dabei spielt es keine Rolle, welche Regelung im Mietvertrag zu Schönheitsreparaturen getroffen wurde.

Nur wenn die Wohnung vollständig renoviert war, alle Zimmer frisch renoviert, Fenster und Türen lackiert usw. waren, kann im Mietvertrag die Pflicht, Schönheitsreparaturen durchzuführen, wirksam auf den Mieter abgewälzt werden.

Von diesem Grundsatz gibt es eine Ausnahme: Der Vermieter zahlt für die unrenoviert vermietete Wohnung einen Ausgleichsbetrag. Gemeint ist hiermit keine symbolische Summe, sondern in etwa der Betrag, den der Mieter aufwenden muss, um die Wohnung bei Mietbeginn selbst zu renovieren.

Ob der einzelne Mieter ggf. mit seinem Vormieter eine Absprache zu Schönheitsreparaturen getroffen hat, spielt keine Rolle. Der Mieter einer unrenoviert übernommenen Wohnung ist auch dann nicht verpflichtet, Schönheitsreparaturen durchzuführen, wenn er sich gegenüber dem Vormieter hierzu verpflichtet hat. In diesen Fällen kann der Vermieter nicht argumentieren, er habe seinem Mieter praktisch eine renovierte Wohnung zur Verfügung gestellt, er kann sich nicht auf Absprachen seines Mieters mit dessen Vormieter anlässlich eines Wohnungswechsels berufen. Die Vereinbarung, die die Mieter untereinander schließen, sind auf deren Verhältnis untereinander beschränkt, haben aber keinen Einfluss auf die Wirksamkeit einer Regelung im Mietverhältnis zwischen Mieter und Vermieter.

Wirksame Schönheitsreparaturklauseln

Zieht der Mieter in eine renovierte Wohnung ein und ist im Mietvertrag eine „weiche" Fristenregelung vorgesehen oder zum Beispiel nur vereinbart, dass der Mieter die Schönheitsreparaturen trägt oder durchzuführen hat, muss der Mieter innerhalb der üblichen Fristen renovieren, soweit dann auch entsprechender Renovierungsbedarf besteht. Dabei beginnen die Fristen immer mit Beginn des Mietverhältnisses bzw. der Durchführung der letzten Renovierungsarbeiten zu laufen.

Wer renovieren muss, muss die Arbeiten fachgerecht durchführen. Das bedeutet zwar nicht, dass Fachhandwerker oder Malerfachbetriebe beauftragt werden müssen. Der Vermieter hat aber Anspruch auf Renovierungsarbeiten „mittlerer Art und Güte". Ob die von einem Malermeister erledigt werden, vom Mieter selbst oder von Bekannten oder Freunden, spielt dabei keine Rolle. Vertragsklauseln, die etwas anderes vorschreiben und Eigenarbeiten des Mieters ausschließen, sind unwirksam. Schlecht ausgeführte Renovierungen, dilettantische Arbeiten von Freunden oder Bekannten muss der Vermieter allerdings nicht akzeptieren. Und: Fachgerecht renovieren bedeutet auch, dass die Wohnung in neutralen Farben und Tapeten zurückgegeben werden muss.

TIPPS

- Der Anspruch des Vermieters auf die Durchführung von Schönheitsreparaturen verjährt sechs Monate nach Beendigung des Mietverhältnisses.
- Keine Schönheitsreparaturen sind das Abschleifen, Grundieren und Lasieren einer Wand- oder Deckenvertäfelung.
- Zum Nachweis der letzten eigenen Renovierungsarbeiten sollten Quittungen über Material, wie Farbe und Tapeten, gesammelt werden.
- Wird beim Auszug ein Wohnungsübergabeprotokoll erstellt, soll hier nur der Zustand der Wohnung und der einzelnen Mieträume festgehalten werden. Vorsicht, wenn der Vermieter noch durchzuführende Renovierungsarbeiten vorgibt.
- Übliche Renovierungsfristen sind: Alle drei Jahre Küche, Bad und Dusche; alle fünf Jahre Wohn- und Schlafräume, Flur, Diele und Toilette; alle sieben Jahre die sonstigen Nebenräume.
- Wer eine unrenovierte Wohnung anmietet, muss nicht renovieren – weder während der Mietzeit noch beim Auszug. Ausnahme: Der Vermieter hat bei Beginn des Mietverhältnisses eine angemessene Ausgleichszahlung (für die Renovierung) an die Mieter geleistet.
- Der Vermieter darf nicht einseitig den Mietvertrag ändern, wenn ursprünglich eine unwirksame Renovierungsklausel vereinbart wurde
- Ein Mietzuschlag mit der Begründung: „Mehr Miete, weil der Mieter die Renovierungskosten spart", ist unwirksam. Anders aber bei Sozialwohnungen.

8. Kapitel. Mieterkündigung

Mieter können einen unbefristeten Mietvertrag immer ohne Angabe von Gründen und mit einer Frist von drei Monaten kündigen. Das gilt auch dann, wenn in älteren Mietverträgen noch längere, jeweils von der Wohndauer abhängige Kündigungsfristen vorgegeben sind. Steht im Mietvertrag dagegen eine kürzere Kündigungsfrist, ist das wirksam.

Ausnahme: Kündigungsverzicht/ Kündigungsausschluss

Mieter und Vermieter können gegenseitig bis zu vier Jahre lang auf ihr Kündigungsrecht verzichten. Konsequenz ist, dass dann sowohl Vermieter als auch Mieter vier Jahre lang nicht kündigen dürfen. Zum Ablauf der vier Jahre kann der Mieter, wie bei jedem anderen unbefristeten Mietvertrag auch, mit der Dreimonatsfrist kündigen.

Dagegen ist ein einseitiger Kündigungsverzicht des Mieters – egal, ob für vier Jahre oder für ein Jahr – grundsätzlich unwirksam. Nach Ansicht des Bundesgerichtshofs ist der Mieter in diesen Fällen unangemessen benachteiligt. Während er auf sein Kündigungsrecht verzichtet, erhält er hier keinen Vorteil als Ausgleich.

Ausnahme: Vereinbaren Mieter und Vermieter aber einen Staffelmietvertrag, dann kann der Mieter wirksam auf sein Kündigungsrecht verzichten, höchstens für vier Jahre.

Ein wirksamer, wechselseitiger Kündigungsverzicht/ Kündigungsausschluss bei einem unbefristeten Mietvertrag setzt voraus, dass das Kündigungsrecht höchstens vier Jahre lang ausgeschlossen sein darf. Bei der Berechnung der vier Jahre gibt es aber Fallstricke:

Die Vier-Jahres-Frist beginnt mit dem Zeitpunkt des Vertragsabschlusses, also mit den Unterschriften unter den Mietvertrag, zu laufen. Dagegen spielt der Zeitpunkt des Vertragsbeginns, das heißt der im Mietvertrag genannte Termin bzw. der Einzugstermin, keine Rolle.

Und: Die Kündigung muss erstmals – unter Berücksichtigung der dreimonatigen Kündigungsfrist – zum Ablauf der Vier-Jahres-Frist möglich sein, nicht erst nach vier Jahren.

Überschreitet der im Mietvertrag festgelegte Kündigungsverzicht/Kündigungsausschluss den Zeitraum von vier Jahren, ist die entsprechende Vertragsklausel wegen unangemessener Benachteiligung der Mieter bzw. unzumutbarer Einschränkung der Dispositionsfreiheit der Mieter unwirksam. Folge ist, dass kein wirksamer Kündigungsverzicht/Kündigungsausschluss vereinbart wurde. Der unbefristete Mietvertrag kann von Seiten des Mieters immer mit einer Dreimonatsfrist gekündigt werden.

BEISPIELE

- Vertragsabschluss am 5.10.2019, Vertragsbeginn am 1.11.2019, Kündigungsverzicht laut Mietvertrag bis 31.10.2023

  Unwirksam: Der Zeitraum 5.10.2019 bis 31.10.2023 ist länger als 4 Jahre.
- Vertragsabschluss und Vertragsbeginn am 1.11.2019, im Mietvertrag ist bestimmt, dass der Vertrag erstmals nach Ablauf eines vierjährigen Kündigungsverzichts möglich ist.

  Unwirksam: Kann der Mieter erstmals nach 4 Jahren kündigen, ist er unter Einbeziehung der dreimonatigen Kündigungsfrist insgesamt 4 Jahre und 3 Monate an den Mietvertrag gebunden.

Form und Frist

Kündigungen müssen immer schriftlich ausgesprochen werden. Es gilt Schriftform, nicht Textform. Das heißt, mündliche Kündigungen sind genauso unwirksam wie Kündigungen per Telegramm, Telefax oder E-Mail. Das Kündigungsschreiben muss eigenhändig unterschrieben sein, und zwar von allen Mietern. Adressiert sein muss die Kündigung an den Vermieter, bei mehreren Vermietern, zum Beispiel einem Ehepaar, an beide Vermieter.

Im Kündigungsschreiben muss weder eine Aussage zur Kündigungsfrist noch zum Ende des Mietverhältnisses gemacht werden. Es reicht die Formulierung: „Ich kündige." oder „Ich kündige zum nächstmöglichen Termin."

Wann dieser Termin ist, hängt vor allem davon ab, wann der Vermieter den Kündigungsbrief erhalten hat. Bekommt er die Kündigung bis zum dritten Werktag des Monats, zählt dieser Monat bei der Kündigungsfrist noch mit. Auch der Samstag ist ein Werktag. Will der Mieter zum 30. November 2019 ausziehen, muss sein Vermieter die Kündigung bis zum 4. September 2019 auf dem Tisch haben. Erhält der Vermieter die Kündigung einen Tag später, zählt der Monat September für die Kündigungsfrist nicht mehr mit. Die dreimonatige Kündigungsfrist endet automatisch einen Monat später, also am 31. Dezember 2019. Einen Tag zu spät gekündigt, kann also leicht eine komplette Monatsmiete kosten.

Sicherheitshalber sollte die Kündigung deshalb so früh wie möglich verschickt werden. Dabei sind einige Tage Postlaufzeit einzukalkulieren. Kommt es zum Streit, muss der Mieter den rechtzeitigen Zugang seiner Kündigung beim Vermieter beweisen. Sinnvoll ist es deshalb, die Kündigung mit Einwurf-Einschreiben an den Vermieter zu senden. Hier kann die Zustellung des Briefes belegt werden. Eine andere Möglichkeit ist es, die Kündigung persönlich im Beisein eines Zeugen in den Vermieterbriefkasten zu werfen.

Zeitmietvertrag

Mieter und Vermieter können auch einen zeitlich befristeten Mietvertrag abschließen. Dann steht schon beim Vertragsabschluss die Dauer der Mietzeit fest. Eine Kündigung während der Mietzeit – Ausnahme fristlose Kündigung – ist ausgeschlossen. Ein Zeitmietvertrag muss, anders als ein unbefristeter Vertrag, immer schriftlich abgeschlossen werden und von Mieter und Vermieter unterschrieben sein. Die Laufzeit des Vertrages kann frei gewählt werden. Beim Abschluss des Vertrages muss der Vermieter aber schriftlich mitteilen, wie er die Wohnung nach Ablauf der Mietzeit nutzen will. Ohne einen derartigen Hinweis ist der Vertrag kein Zeitmietvertrag, sondern wird wie ein unbefristeter Mietvertrag behandelt.

Mit welcher Begründung bzw. Verwendungsabsicht das Mietverhältnis wirksam befristet werden kann, ist im Gesetz genau vorgegeben. Danach ist ein Zeitmietvertrag nur zulässig, wenn der Vermieter nach Ablauf der Mietzeit:

- die Räume als Wohnung für sich, seine Familienangehörigen oder für Angehörige seines Haushalts nutzen will oder
- die Räume in zulässiger Weise beseitigen oder so wesentlich verändern oder instandsetzen will, dass die Maßnahmen durch eine Fortsetzung des Mietverhältnisses erheblich erschwert würden, oder
- die Räume zum Beispiel an einen Angestellten vermieten will.

Haben Mieter einen derartigen Zeitmietvertrag unterschrieben oder wirksam auf ihr Kündigungsrecht verzichtet, können sie nur in seltenen Ausnahmefällen das Mietverhältnis vorzeitig beenden. Voraussetzung ist entweder ein Sonderkündigungsrecht oder die Möglichkeit, einen Nachmieter zu stellen, oder die fristlose Kündigung.

Sonderkündigungsrechte

Immer dann, wenn es während des Mietverhältnisses zu größeren Veränderungen kommt, hat der Mieter ein Sonderkündigungsrecht, beispielsweise dann, wenn der Vermieter die Zustimmung zu einer Mieterhöhung auf die ortsübliche Vergleichsmiete fordert. Das Gleiche gilt, wenn der Vermieter eine Modernisierungsmaßnahme ankündigt oder nach Abschluss der Modernisierungsmaßnahme die Miete erhöht. Modernisierungen sind Baumaßnahmen, die den Wohnwert verbessern oder helfen, Energie einzusparen. Der Vermieter ist berechtigt, 8 Prozent der Kosten der Baumaßnahme auf die Jahresmiete aufzuschlagen, aber höchstens 3 Euro/qm bzw. 2 Euro/qm, wenn die bisherige Miete nicht über 7 Euro/qm lag (Rechtslage seit 1.1.2019). In diesen Fällen kann der Mieter im Ergebnis immer mit einer Frist von drei Monaten kündigen. Das gilt auch, wenn der Mieter untervermieten will und der Vermieter die Untervermietung ablehnt.

Nachmieter

Nur ausnahmsweise darf der Mieter einen Nachmieter stellen und vorzeitig ausziehen. Voraussetzung ist, dass entweder der Vermieter einverstanden ist, im Mietvertrag ausdrücklich eine Nachmieter- oder Ersatzmieterklausel vereinbart ist oder ein Härtefall vorliegt, der den Mieteranspruch auf vorzeitige Beendigung des Mietverhältnisses rechtfertigt. Denkbare Härtegründe sind bei einem vereinbarten Zeitmietvertrag oder Kündigungsverzicht zum Beispiel ein berufsbedingter Wohnortwechsel und damit die Notwendigkeit eines Umzugs, schwere Erkrankungen des Mieters bzw. der Umzug in ein Alters- oder Pflegeheim oder Familiennachwuchs bzw. eine geplante Heirat, wodurch die Wohnung letztlich zu klein wird.

Ist der Mieter in einem dieser Fälle berechtigt, einen Nachmieter zu stellen, reicht es aus, wenn er einen geeigneten Nachmieter vorschlägt. Dieser Nachmieter muss bereit sein, in den Mietvertrag einzutreten, und er muss in der Lage sein, die geforderte Miete zu zahlen.

Aber: Allein verantwortlich für die Nachmietersuche ist – wenn nichts anderes mit dem Vermieter vereinbart wurde – der Mieter. Der Vermieter muss nicht mitsuchen, Anzeigen, Wohnungsbesichtigungen usw. sind Sache des Mieters. Hat er einen geeigneten Nachmieter gefunden, der zum Beispiel vergleichbare finanzielle Voraussetzungen wie der bisherige Mieter mitbringt, hat der Vermieter eine Prüf- und Überlegungsfrist, ob er den Nachmieter für geeignet hält. Die Überlegungsfrist beträgt bis zu drei Monate.

Fristlose Kündigung

Voraussetzung für eine fristlose Kündigung ist ein wichtiger Grund, zum Beispiel weil die Nutzung der Wohnung für den Mieter mit einer erheblichen Gefährdung der Gesundheit verbunden ist. Das kann bei ständigem Heizungsausfall, hohen Schadstoffkonzentrationen, völliger Durchfeuchtung oder extremer Schimmelpilzbildung usw. der Fall sein. Weitere Gründe für eine fristlose Kündigung liegen vor, wenn der Vermieter die Wohnung des Mieters unerlaubt mit einem Zweitschlüssel betritt, wenn der Vermieter über die Höhe der Betriebskosten getäuscht hat oder wenn der Vermieter den Hausfrieden nachhaltig stört, so dass dem Mieter eine Fortsetzung des Mietverhältnisses unter Berücksichtigung aller Umstände nicht zugemutet werden kann. Auch wenn der Vermieter trotz Abmahnung nicht in der Lage ist, dem Mieter den „vertragsgemäßen Gebrauch" der Wohnung zu gewähren, kommt eine fristlose Kündigung in Betracht. Mieter sollten sich hier immer vorab bei ihrem örtlichen Mieterverein informieren.

TIPPS

- Haben mehrere Mieter zusammen eine Wohnung angemietet und den Mietvertrag unterschrieben, können auch nur alle gemeinsam den Mietvertrag kündigen. Wer einfach aus der Wohnung auszieht, beendet nicht das Mietverhältnis. Anders nur, wenn sich alle Mieter untereinander einig sind und der Vermieter zustimmt.
- Einfach befristete Mietverträge, das heißt Mietverträge mit einer festen Laufzeit ohne Angabe eines Befristungsgrundes, sind rechtlich gesehen unbefristete Mietverträge, können also mit Dreimonatsfrist gekündigt werden.
- Zeitmietverträge können während ihrer Laufzeit nicht gekündigt werden. Es sei denn, der Mieter hat ein Sonderkündigungsrecht, das Recht zur fristlosen Kündigung oder das Recht zu einer Nachmieterstellung.
- Der Vermieter darf einen Interessenten als Nachmieter nicht durch überzogene Mietforderungen abschrecken.
- Die These, wer drei Nachmieter stellt, kann ausziehen, ist falsch. Nur ausnahmsweise ist der Mieter berechtigt, einen Nachmieter zu benennen. Dann reicht einer aus.
- Eine doppelte Chance hat der Mieter, wenn er einen möglichen Untermieter findet und dem Vermieter nennt. Akzeptiert der Vermieter, fällt für den Mieter das Risiko der doppelten Mietzahlung weg. Lehnt der Vermieter ab, hat der Mieter ein Sonderkündigungsrecht.
- Der Vermieter muss auf einen Vorschlag des Mieters, er wolle untervermieten, nur reagieren, wenn der Mieter einen konkreten Vorschlag macht.
- Bei Abschluss eines Zeitmietvertrages sollten Mieter darauf achten, eine so genannte Nachmieterklausel zu vereinbaren, für den Fall, dass sie vorzeitig den Mietvertrag beenden wollen.

9. Kapitel. Vermieterkündigung

Wenn der Vermieter kündigen will, muss er – anders als der Mieter – einen Kündigungsgrund haben, das heißt ein berechtigtes Interesse. Drei Beispiele nennt das Gesetz: Eigenbedarf, Verwertungskündigung und Kündigung wegen einer Vertragsverletzung. Außerdem muss er gestaffelte Kündigungsfristen einhalten, je nach Wohndauer des Mieters zwischen drei und neun Monate, bei älteren Mietverträgen unter Umständen sogar zwölf Monate.

Form und Frist

Der Vermieter muss schriftlich kündigen und eigenhändig unterschreiben. Mündliche Kündigungen oder Kündigungen per Telegramm, Fax oder E-Mail sind unwirksam. Die Kündigung muss von allen Vermietern unterschrieben und an alle Mieter gerichtet sein.

Der Vermieter muss die gesetzlichen Kündigungsfristen einhalten. Bei einer Wohndauer des Mieters bis zu fünf Jahren beträgt die Frist drei Monate, bei einer Wohndauer von mehr als fünf Jahren sechs Monate und bei einer Wohndauer von mehr als acht Jahren neun Monate. Ist der Mietvertrag vor dem 1. September 2001 abgeschlossen worden (Zeitpunkt einer Mietrechtsreform) und sind in dem alten Mietvertrag Kündigungsfristen zwischen drei und zwölf Monaten vereinbart, gelten diese Fristen weiter. Das bedeutet, wohnt der Mieter länger als zehn Jahre in der Wohnung, beträgt die Kündigungsfrist zwölf Monate.

In seinem Schreiben muss der Vermieter die Kündigung begründen. Er muss einen der im Gesetz aufgeführten Kündigungsgründe benennen und beschreiben. Dabei muss die Erklärung so detailliert sein, dass der Mieter überprüfen kann, ob eine Verteidigung gegen die Kündigung möglich und sinnvoll ist.

Kündigungsgrund Eigenbedarf

Eigenbedarf liegt vor, wenn der Vermieter die Mietwohnung für sich selbst oder einen nahen Familienangehörigen – zum Beispiel Eltern, Kinder, Enkel, Geschwister oder Neffen und Nichten – oder für einen Angehörigen seines Haushaltes, zum Beispiel eine Pflegekraft benötigt.

Dabei reicht es aus, wenn der Vermieter vernünftige und nachvollziehbare Gründe benennt, warum er oder ein Familienangehöriger die Mietwohnung jetzt beziehen will. Die Rechtsprechung hat in den letzten Jahren die Anforderungen an den Eigenbedarf mehr und mehr abgesenkt. So kann es schon vernünftig und nachvollziehbar sein, wenn der Vermieter die Wohnung nur alle zwei Wochen am Wochenende benötigt oder er die Wohnung als Zweit- oder Ferienwohnung nutzen will.

Zweifel an einem behaupteten Eigenbedarf liegen insbesondere vor, wenn:

- die Gründe hierfür vorgeschoben sind, die Kündigung nur die Retourkutsche aus Streitigkeiten, zum Beispiel um Mängel oder Betriebskosten ist;
- der Vermieter eine leerstehende, gleichwertige Wohnung im Haus beziehen könnte oder er den gekündigten Mietern diese Wohnung nicht zum Tausch anbietet;
- der Eigenbedarf schon bei Vertragsabschluss mit dem Mieter vorlag oder für den Vermieter tatsächlich vorhersehbar war;
- die Begründung offensichtlich unvernünftig ist, wenn angeblich die gehbehinderte Mutter des Vermieters in den fünften Stock eines Hauses ohne Aufzug, mit Kohleofen ziehen soll.

Verwertungskündigung

Wird der Vermieter durch die Fortsetzung des Mietverhältnisses an einer angemessenen wirtschaftlichen Verwertung gehindert und hat er hierdurch erhebliche Nachteile, kann er kündigen.

Typische Fallbeispiele sind:

- Der Vermieter muss aus wirtschaftlichen Gründen das Haus verkaufen, der Verkauf ist aber praktisch unmöglich, weil es vermietet ist. Die Kaufwilligen haben nur Interesse an der geräumten Wohnung, weil sie selber einziehen wollen. Wenn überhaupt könnte das Haus nur zur Hälfte seines Wertes verkauft werden.
- Auch die geplante Sanierung kann hier als Begründung herhalten. Kündigt der Vermieter mit der Behauptung, er wolle die Wohnung komplett sanieren, dann muss die Sanierung wirtschaftlich zwingend geboten und dafür die Räumung des gesamten Mietobjektes erforderlich sein. Nur unter diesen Voraussetzungen kommt die Verwertungskündigung in Betracht.

WICHTIG

WICHTIG Die Verwertungskündigung dient nicht dazu, die Renditeerwartungen des Vermieters zu verbessern. Entscheidend ist, dass der Vermieter darlegen und beweisen kann, dass die derzeitige Vermietung keine angemessene wirtschaftliche Verwertung ist und er ohne eine Kündigung erhebliche Nachteile erleiden würde.

Vertragsverletzungen

Auch wenn der Mieter seine mietvertraglichen Pflichten wiederholt verletzt, kann der Vermieter nach vorheriger Abmahnung kündigen, beispielsweise, wenn der Mieter Zahlungsrückstände auflaufen lässt, unpünktlich zahlt oder ohne Erlaubnis untervermietet.

Sonstige berechtigte Interessen

Der Vermieter kann einen unbefristeten Mietvertrag kündigen, wenn er ein berechtigtes Interesse an der Beendigung des Mietverhältnisses hat. Das Gesetz nennt hierzu die drei oben genannten Beispielfälle, nämlich die Verwertungskündigung, die Kündigung wegen Eigenbedarfs und die Kündigung wegen Vertragsverletzungen. Das sind die typischen Kündigungsgründe, aber nur Beispiele. Der Vermieter kann auch aus sonstigen, ähnlich gewichtigen Gründen kündigen, wenn er ein berechtigtes Interesse hat, beispielsweise dann, wenn er in der gekündigten Wohnung ein Au-pair-Mädchen unterbringen will oder wenn die Ehefrau des Vermieters in der gekündigten Wohnung eine Anwaltskanzlei eröffnen will oder wenn die Kirchengemeinde als Vermieter die Wohnung künftig als Büroräume nutzen will bzw. hier ein neuer Pfarrer einziehen soll.

Sozialklausel

Mieter können einer berechtigten Vermieterkündigung widersprechen und die Fortsetzung des Mietverhältnisses verlangen. Voraussetzung ist, dass die Beendigung des Mietverhältnisses für sie eine unzumutbare Härte bedeuten würde.

Der Widerspruch gegen die Kündigung muss schriftlich erklärt und eigenhändig unterschrieben werden. Das Widerspruchsschreiben muss der Vermieter spätestens zwei Monate vor Ablauf der Kündigungsfrist erhalten haben. Anders, wenn der Vermieter in seinem Kündigungsschreiben auf das Widerspruchsrecht des Mieters gar nicht hingewiesen hat. Dann kann sich der Mieter auch noch vor Gericht auf die Sozialklausel berufen.

Wichtigster Härtegrund ist „fehlender Ersatzwohnraum". Das sind Fälle, in denen die gekündigten Mieter keine neue Wohnung zu zumutbaren Bedingungen finden. Weitere Härtegründe sind hohes Alter, Invalidität, Gebrechlichkeit, Schwangerschaft, Kinder, Schwierigkeiten bei Schul- oder Kindergartenwechsel, bevorstehendes Examen, geringes Einkommen, schwere Erkrankung oder lange Mietdauer. Häufig sind mehrere dieser Härtegründe gleichzeitig gegeben. Dies erhöht die Erfolgsaussichten eines Widerspruchs.

Beruft sich der Mieter auf die Sozialklausel und können sich Mieter und Vermieter nicht über eine Fortsetzung des Mietverhältnisses einigen, muss das Gericht entscheiden. Das kann anordnen, dass das Mietverhältnis befristet oder unbefristet fortgesetzt wird. Voraussetzung ist, dass die Härtegründe des Mieters schwerer wiegen als die Gründe des Vermieters.

Bei der Abwägung, ob die als Härtegründe geltend gemachten Interessen des Mieters die im Kündigungsschreiben aufgeführten Interessen des Vermieters überwiegen, führen hohes Alter des Mieters oder dessen lange Wohndauer nicht automatisch zu einer Verlängerung des Mietverhältnisses. Beruft sich der Mieter auf schwerwiegende Erkrankungen und Gesundheitsgefahren, die mit einem Umzug verbunden wären, genügt auch das allein nicht, um eine Fortsetzung des Mietverhältnisses zu erreichen. In diesen Fällen muss von Amts wegen ein Sachverständigengutachten eingeholt werden, um zu klären, an welchen Erkrankungen der betroffene Mieter konkret leidet und wie sich diese auf seine psychische und physische Verfassung auswirken. Dabei ist auch zu klären, ob und inwieweit sich die mit einem Umzug einhergehenden Folgen mittels Unterstützung durch das Umfeld bzw. durch begleitende ärztliche und/ oder therapeutische Behandlungen mindern lassen.

Fristlose Kündigung

Bei schwersten Vertragsverletzungen des Mieters kann der Vermieter das Mietverhältnis fristlos kündigen. Dann müssen die gesetzlichen Kündigungsfristen nicht eingehalten werden. Das bedeutet, der Mieter muss kurzfristig, innerhalb angemessener Frist, das heißt innerhalb eines Monats, ausziehen. Bleibt der Mieter wohnen, muss der Vermieter auf Räumung klagen. Erst mit dem Urteil in der Hand kann er die Vollstreckung, das heißt die Räumung des Mieters betreiben.

Die fristlose Kündigung des Vermieters muss schriftlich erfolgen, und der Kündigungsgrund muss im Kündigungsschreiben angegeben werden. Mögliche Kündigungsgründe sind die unerlaubte Untervermietung oder die schwerwiegende Störung des Hausfriedens. Die häufigste Kündigungsbegründung ist aber die ständig unpünktliche Mietzahlung bzw. der Zahlungsverzug.

Grundsätzlich muss der Vermieter, wenn er fristlos kündigen will, vorher den Mieter abmahnen, ihm also die Gelegenheit geben, sein vertragswidriges Verhalten zu ändern. Anders bei Zahlungsverzug. Die Kündigung ist möglich, wenn der Mieter an zwei aufeinander folgenden Terminen mit mehr als einer Monatsmiete im Rückstand ist oder wenn er über einen längeren Zeitraum mit einem Betrag von zwei Monatsmieten in Verzug ist.

Die Folgen einer fristlosen Kündigung wegen Zahlungsverzugs kann der Mieter bis zu zwei Monate nach Erhebung der Räumungsklage durch den Vermieter noch abwenden. Hierzu muss er den gesamten Mietrückstand bezahlen, bis auf den letzten Cent. Die Kündigung wegen Mietrückständen kann der Mieter auf diese Art und Weise aber nur einmal innerhalb von zwei Jahren ungeschehen machen und abwehren.

TIPPS

- Bei jeder Vermieterkündigung sollte der Mieterverein eingeschaltet werden. Zu prüfen ist, ob der Kündigungsgrund tatsächlich vorliegt und ob der Mieter Widerspruchsrechte hat.
- In Zweifamilienhäusern, in denen Vermieter und Mieter unter einem Dach wohnen, hat der Vermieter ein Sonderkündigungsrecht. Er kann kündigen, ohne dass einer der gesetzlichen Kündigungsgründe, wie zum Beispiel Eigenbedarf oder wirtschaftliche Verwertung, vorliegt. Für den Mieter verlängert sich die Kündigungsfrist um drei Monate.
- Ob die Wohnung möbliert oder unmöbliert vermietet wird, macht für den Kündigungsschutz keinen Unterschied. Auch Mieter eines möblierten Appartements haben den vollen Kündigungsschutz.
- Wird das Haus oder die Wohnung verkauft, hat der Käufer keine besonderen Kündigungsrechte. Er tritt vielmehr in den bestehenden Mietvertrag ein und muss das Mietverhältnis zu den vorgefundenen Konditionen fortsetzen.
- Teilkündigungen, das heißt die Kündigung nur der Garage oder nur des Kellers oder nur des Gartens, sind grundsätzlich ausgeschlossen. Anders nur, wenn der Vermieter hier neuen Wohnraum schaffen will.
- Wird während der Mietzeit das Mietshaus in Eigentumswohnungen umgewandelt und die Wohnung nach der Umwandlung verkauft, gelten für den neuen Eigentümer Kündigungssperrfristen. Drei Jahre lang darf nicht wegen Eigenbedarfs oder wirtschaftlicher Verwertung gekündigt werden. Die Bundesländer können diese Sperrfrist auf bis zu zehn Jahre ausdehnen.

10. Kapitel. Rechtsberatung im Deutschen Mieterbund

Mietervereine – 500 Mal in Deutschland

Ausführliche und konkrete Rechtsberatung in einem persönlichen Gespräch erhalten Sie bei Ihrem örtlichen Mieterverein. Einer der über 300 DMB Mietervereine an mehr als 500 Standorten in Deutschland ist sicher auch in Ihrer Nähe. Hier erhalten Mitglieder kompetente Hilfe, so schnell wie möglich, ohne Wartezeiten, kostenlos.

Die Mitgliedschaft in einem örtlichen Mieterverein kostet etwa 40 – 90 Euro im Jahr. Häufig ist im Beitrag schon eine Mietrechtsschutzversicherung, zum Beispiel die DMB Rechtsschutz-Versicherung, enthalten.

Den nächstgelegenen DMB Mieterverein finden Sie über Internet,
www.mieterbund.de oder über den jeweiligen Landesverband:

DMB Landesverband Baden-Württemberg e. V.
Tel. (07 11) 23 60 60-0, Fax (07 11) 23 60 60-2
www.mieterbund-bw.de, info@mieterbund-bw.de

DMB Landesverband Bayern e. V.
Tel. (0 89) 890 57 38-0, Fax (0 89) 890 57 38-11
www.mieterbund-landesverband-bayern.de;
info@mieterbund-bayern.org

Berliner Mieterverein e. V., Landesverband im DMB
Tel. (0 30) 2 26 26-0, Fax (0 30) 2 26 26-161/162
www.berliner-mieterverein.de,
bmv@berliner-mieterverein.de

DMB Mieterbund Land Brandenburg e. V.
Tel. (03 31) 279 76 05-0, Fax (03 31) 279 76 05-9
www.mieterbund-brandenburg.de,
info@mieterbund-brandenburg.de

Mieterverein zu Hamburg von 1890 r.V.
Landesverband im DMB
Tel. (0 40) 8 79 79-0, Fax (0 40) 8 79 79-120
www.mieterverein-hamburg.de,
info@mieterverein-hamburg.de

DMB Landesverband Hessen e. V.
Tel. (06 11) 41 14 05-0, Fax (06 11) 41 14 05-29
www.mieterbund-hessen.de,
info@mieterbund-hessen.de

DMB Landesverband Mecklenburg-Vorpommern e. V.
Tel. (03 81) 3 75 29-20, Fax (03 81) 3 75 29-29
www.mieterbund-mvp.de,
post@mieterbund-mvp.de

DMB Landesverband Niedersachsen-Bremen e. V.
Tel. (05 11) 1 21 06-0, Fax (05 11) 1 21 06-16
www.dmb-niedersachsen-bremen.de,
info@dmb-niedersachsen-bremen.de

Deutscher Mieterbund Nordrhein-Westfalen e. V.
Tel. (0211) 58 60 09-0, Fax (0211) 58 60 09-29
www.dmb-nrw.de,
mieter@dmb-nrw.de

DMB Landesverband Rheinland-Pfalz e. V.
Tel. (02 61) 1 76-09, Fax (02 61) 1 76-73
www.mieterbund-rhpl.de,
dmb-rhpl@gmx.de

DMB Landesverband Saarland e. V.
Tel. (06 81) 947 67-0, Fax (06 81) 947 67-281
www.mietrecht-saar.de,
info@mieterbund-sb.de

DMB Landesverband Sächsischer Mietervereine e. V.
Tel. (03 51) 8 66 45-0, Fax (03 51) 8 66 45-11
www.mieterbund-sachsen.de,
info@mieterbund-sachsen.de

DMB Landesverband Sachsen-Anhalt e. V.
Tel. (03 45) 2 02 14-67, Fax (03 45) 2 02 14-68
www.mieterbund-sachsen-anhalt.de,
info@mieterbund-sachsen-anhalt.de

DMB Landesverband Schleswig-Holstein e. V.
Tel. (04 31) 9 79 19-0, Fax (04 31) 9 79 19-31
www.mieterbund-schleswig-holstein.de,
info@mieterbund-schleswig-holstein.de

DMB Landesverband Thüringen e. V.
Tel. (03 61) 5 98 05-0, Fax (03 61) 5 98 05-20
www.mieterbund-thueringen.de,
info@mieterbund-thueringen.de

Telefon-Hotline – täglich von 10.00 – 20.00 Uhr

Eine telefonische Erst- oder Kurzberatung auch für Nichtmitglieder bietet der DMB unter Tel.-Nr.: 0900/ 12 000 12 an. Erfahrene Mietrechtsexperten helfen sofort und schnell, auch abends und am Wochenende, täglich zwischen 10.00 und 20.00 Uhr.

Telefonate mit der Erstberatungs-Hotline kosten 2 Euro pro Minute aus dem deutschen Festnetz. Ab der zweiten Minute wird sekundengenau abgerechnet. Bei Anrufen über Mobilfunknetz können höhere Kosten entstehen.

TIPP

Unsere Mietrechtsprofis fassen sich so kurz wie möglich. Tun Sie es auch, so halten Sie die Kosten niedrig. Bereiten Sie sich auf das Telefonat vor und legen Sie notwendige Unterlagen, zum Beispiel den Mietvertrag, bereit.

Mieterbund24 – die DMB Online-Beratung

Mieterbund24 ist die kompetente, schnelle, individuelle und direkte Hilfe bei allen Mietrechtsfragen. Wer Probleme, Sorgen oder Fragen hat, lässt sich unter www.mieterbund24.de registrieren, zahlt 25 Euro und kann dann seine Probleme schildern, ggf. Unterlagen, wie Mietvertrag oder Vermieterschreiben anhängen und online zur Beratung senden. Die Antwort eines der DMB-Mietrechtsjuristen kommt innerhalb von 6 Stunden. Vorausgesetzt, die Anfrage wird Montag bis Freitag zwischen 8.00 und 14.00 Uhr gestellt. Später eingehende oder Wochenend-Fragen werden bis 14.00 Uhr des nächsten Werktags beantwortet.

TIPP

Beachten Sie unsere Hinweise auf mieterbund24.de, welche Fragen für die Online-Beratung geeignet sind und welche nicht.

www.mieterbund.de – Informationen, Tipps und kostenlose Online-Checks

Auf den Internetseiten des Deutschen Mieterbundes, www.mieterbund.de finden Sie immer die aktuellsten Urteile und Informationen zur Rechtsprechung des Bundesgerichtshofs oder zu politischen Entscheidungen. Daneben gibt es hunderte von Tipps und Ratschlägen rund um das Mietrecht.

Seit 2019: Kostenlose Online-Checks zu allen wichtigen Mietrechtsproblemen für die erste Orientierung.

Sachregister

Z